이 시대의 긴요한 메시지

레블레이션 아카데미
우 석 철 목사 著

"이 책의 예언의 말씀을 인봉하지 말라 때가 가까우니라"
(요한계시록 22:10)

요안계시록 흐름 이해

❀ 머 리 글 ❀

▲ **눅 18 : 8** … 인자가 올 때에 세상에서 믿음을 보겠느냐 하시니라

한국교회는 요한계시록의 가르침과 메시지 빈약은 물론 교회성장의 감소 현상을 부인할 수 없다.

"우리 한국교회 교인수가 지난 10년 동안 144,000명이 감소되었다고 합니다. 2005년 한 해 동안 3,000 교회가 없어졌다는 말도 있습니다. 한국교회 80%가 100명 미만의 교회입니다. 대학생 조사 결과 4%만 교회생활 하겠다고 응답 했습니다. 그것이 사실이라면 10년 후면 한국교회는 구라파 교회처럼 될 가능성이 있습니다."(한국성시화 운동), 라는 예견의 시각은 사실 교회의 5대 기능과 교회다움을 상실한 기독교형의 인본주의 메시지와 교육과 우리 주님의 다시 오심에 대한 신앙의 무감각이 그 원인이라 할 수 있다.

이제 한국교회는 영적인 침체에 대한 참회와 치유 회복을 위해서 요한계시록을 읽고 가르치고 전하는 영성이 교회마다 불같이 일어나야 할 중요한 시점이라 믿는다. 왜냐하면 요한계시록 말씀은 미래 역사(계 1:1)를 이끄시는 하나님의 경륜을 조명해 주기 때문에 읽어야 바로 알고 바로 대처해 가는 지혜로운 믿음의 경주를 힘 있게 할 수 있기 때문이다.

기독교 1세기 때나, 한국교회의 초기에 세상을 이기고 빛을 드러내는 아름다운 모습 속에는 요한계시록의 영성이 교회다움과 목사다움 그리고 성도다움을 나타내는데 원동력이 되었고, 신앙의 억압과 고통 속에서도 신앙의 정절을 지키는 위대한 소망의 빛이 되었던 것이다.

요한계시록은 하나님의 감동으로 기록(딤후 3:16)된 것으로 평생에 옆에 두고 읽어야 할(신 17:19) 하나님의 말씀이다.
이 요한계시록 말씀은 66권의 성경전서의 결론(結論, conclusion)이 되는 책으로서 성경65권에서 집대성된 교리적 진리를 총괄적으로 결론 내려주는 종결의 책이다.

무슨 일에 결론이 없다면 그것처럼 허무하고 무의미한 일이 어디 있겠는가? 계시록을 외면하는 메시지와 성경공부의 결론은 희미하고 힘없는 신앙의 결과를 낳게 될 것이다. 이러한 영적인 힘으로는 세속화의 범람을 막지 못하는 무능한 교회가 될 수 밖에 없다. 이러한 부분들이 일곱 교회의 책망 받은 교회의 모습이다.

D. L 무디 목사는 "이 책에만 마귀가 결박당하는 것이 있으니까 마귀는 기독교인에게 '이 책을 읽지 말라' 할 것이다."라고 함같이 요한계시록 말씀을 읽지 않는 것은 이 시대 사탄의 전략에 휘말리는 부분이 있는 것이다.

그러나 지금 한국교회는 요한계시록을 설교하지 않고, 읽지 않는 딜레마에 빠져 있다.

첫째, 많은 목회자와 성도들은 종말론으로만 생각하고 어렵게 느끼고 있다. 종말론은 관심 있는 사람들이 읽고 연구하는 학문이지만 요한계시록은 예수 그리스도의 보혈의 공로로 구속함을 얻고 거듭난 성도라면 누구나 읽고 전해야 할 말씀이다.

둘째, 요한계시록을 가르칠 경우 이단이나 사이비로 이상하게 보는 풍토이다. 이러한 이유는 교회사 속에 나타난 종교개혁자들이 요한계시록에 대한 정경성을 의심하는 영향으로 참된 주님의 교회들이 계시록을 외면하고 있기 때문이다. 한편 정통 교회로부터 이탈한 이단과 사이비들은 자기들의 정통성을 합리화 하고, 자기들의 목적 성취를 위해서 계시록을 왜곡시켜 시한부 종말을 예언한 날들이 사회적인 물의를 일으키는 해프닝(happening)으로 주님 다시 오심에 대한 회의적 신앙이 팽배해졌다. 이로 인하여 이단과 사이비라는 이목이 두려워 목회자들과 성도들이 요한계시록에 말씀에 대하여 외면하게 되었다

셋째, 요한계시록의 많은 학설로 인하여 혼선을 빚고 있어서 어떤 종말론을 선택해야 할지 막막하기 때문이다. 현재 서점가에 요한계시록에 관한 많은 저술들이 나와 있으나, 상반되는 온갖 학설과 주장으로 오히려 혼란만 가중되기 때문에 일선 목회자나 성도들이 계시록의 가치나 중요성을 외면하게 된 것이라 생각한다.

필자의 요한계시록 해석은 먼저 문맥에 따른 문자적인(개념) 의미를 기초로 하여 성경으로 성경을 해석하는 영해이다. 특히 동사의 시제와 품사에 유의하면서, 성경진리의 일관성에 모순이 되지 않게 조화와 균형을 이루어 성경을 탈선하지 않게 해석한다.

본 교재가 많은 학설과 주장으로 해석학적인 혼선을 빚고 있는 한국교회의 목회자들과 성도들에게 나침반과 같은 안내서로서 도움이 될 것을 확신한다.

이 집필을 위해 가르침을 주신 스승님과 주야로 기도해 주신 즐거운교회의 성도님들, 가족과 부모형제와 친지들, 믿음의 이웃에게 감사를 전하면서 모든 영광을 삼위일체 하나님께 돌린다.

2007년 4월 부활절에

우 석 철 목사

요한계시록 1:1-3

1 예수 그리스도의 계시라 이는 하나님이 그에게 주사 반드시 속히 될 일을 그 종들에게 보이시려고 그 천사를 그 종 요한에게 보내어 지시하신 것이라

The Revelation of Jesus Christ, which God gave unto him, to show unto his servants things which must shortly come to pass; and he sent and signified [it] by his angel unto his servant John:

2 요한은 하나님의 말씀과 예수 그리스도의 증거 곧 자기의 본 것을 다 증거하였느니라

Who bare record of the word of God, and of the testimony of Jesus Christ, and of all things that he saw.

3 이 예언의 말씀을 읽는 자와 듣는 자들과 그 가운데 기록한 것을 지키는 자들이 복이 있나니 때가 가까움이라

Blessed [is] he that readeth, and they that hear the words of this prophecy, and keep those things which are written therein: for the time [is] at hand.

요한계시록 22: 21

21 주(主) 예수의 은혜(恩惠)가 모든 자(者)들에게 있을지어다 아멘

The grace of our Lord Jesus Christ [be] with you all. Amen.

❀ 순 서 ❀

머 리 글

I. 요한계시록 서론 | 8

1. 요한계시록 표제 | 9
2. 요한계시록 저자론 | 17
3. 요한계시록 기록연대 장소 | 25
4. 요한계시록 수신자 | 30
5. 요한계시록 기록동기 목적 | 30
6. 요한계시록 주제 가치 특징 | 32
7. 요한계시록에 관한 해석법 | 36
8. 요한계시록 중요 교리 | 43
    1) 신　　관 | 44
    2) 기 독 론 | 44
    3) 종 말 론 | 44

II. 요한계시록의 내용 분해 및 주제 연구 | 49

[복음적인 내용 분해 제1장 – 22장]

1. 예수님이 교훈하신 말세의 징조 | 49
2. 교회에 주시는 예수님의 교훈 | 65
3. 말세와 환란 | 70
4. 성도의 휴거 | 77
5. 대환란의 시기 (다니엘의 70 이레) | 90

6. 전3년 반 | 104

7. 후3년 반 | 108

8. 예비처 | 112

9. 적그리스도 666 | 116

10. 휴거 성도의 영적 상태와 7년간 영계 상태 | 126

11. 어린 양의 혼인은 무엇인가? | 131

12. 혼인식은 언제인가? | 132

13. 주 예수 그리스도의 재림 | 136

14. 천년세계 | 144

15. 영원한 심판 | 152

16. 영원한 천국과 성도 | 159

Ⅲ 결   론 | 165

Ⅰ. 요한계시록 서론

▲ 계시록 1:1 예수 그리스도의 계시라 이는 하나님이 그에게 주사 반드시 속히 될 일을 그 종들에게 보이시려고 그 천사를 그 종 요한에게 보내어 지시하신 것이라

위와 같이 계시성이 분명하다. 그러나 요한계시록의 정경성과 저자에 관한 문제는 끊이지 않게 제기되어 왔다. "특히 중세기에 이르러 성경의 권위를 강조하는 종교개혁자들 에라스무스, 칼빈, 츠빙글리 역시 사도 요한의 저작을 의심하여 계시록의 성경적 가치를 저하시키는 경향이 있었다."(김철손 외 2명) 라고 함같이 계시록에 대하여 부정적인 생각을 하였음을 볼 때 얼마나 문제가 제기되었는지 가히 상상할 만하다. 한편 Moody 같은 인물은 "이 책에만 마귀가 결박당하는 것이 있으니까 마귀는 기독교인에게 '이 책을 읽지 말라' 할 것이다(Hayes p.263)" 라고 찬양하는 것을 보게 된다.

계시록은 성경의 결론 부분에 위치하고 신약에 있어서 유일한 묵시 문학의 복음으로서 구약성경의 묵시가 육적 이스라엘을 위한 것이라면 본서는 그리스도 안에서 거듭난 성도들에게 주어진 복음이다.

먼저 계시록을 교육하거나 연구하기 전에 서론 부분에서 요한 계시록을 이해하기 위해서 계시록의 표제에 관한 연구와 묵시 문학과 예언문학의 차이, 신약 묵시사상과 계시록과 비교 연구, 계시록의 저자, 기록 연대와 장소, 계시록의 수신자들, 기록 동기와 목적, 주제와 특징, 가치, 계시록의 해석에 관한 학설, 계시록에 나타난 중요 교리, 계시록의 전체 이해를 위하여 내용 개요를 연구한다. 사실 계시록의 이해가 복잡하면 할수록 더욱 신중을 기하고 저자이신 성령님의 은사에 의존하여

본문 문자적 주석에서 역사적이고 영적인 주석을 통일성 있게 해야 할 것이다.

특히 명심할 것은 계시록을 중심으로 이단종파 출현이 많았음을 기억하고 66권 성경의 하나님의 뜻인 교리의 일관성을 잃지 않도록 해야 한다.

I. 요한계시록의 표제

우리말로 사용되는 계시록의 표제는 묵시, 계시, 요한계시록으로 통용된다. 이 용어의 의미와 구약의 묵시적인 표현과 예언적인 표현과의 관계와 신약의 묵시사상과 계시록의 유사점과 상이점 등을 연구한다.

1. 묵시와 계시의 정의

위 용어의 문자적 의미와 계시, 묵시, 비밀의 구별과 묵시 문학의 형식과 기원에 관하여 연구하자.

1) 묵시와 계시의 의미

성경에 나타난 묵시와 계시의 의미에 관하여 확인하자.

(1) 묵시의 의미

묵시로 번역된 용어는 신약에는 없고, 구약에 24회 정도 사용되었다. 그 의미의 이해를 통해 계시록의 이해에 관심을 기울이자.

① ּׁזׁוּ 〈힛자욘〉 삼하 7:17 묵시, 꿈에 의한 이상(ηζ·.주시하다, 이상을 보다, 예언하다-유래)

② ζ 〈하존〉 대상 17:15 외 32절 사용됨 (정신적으로) 보는 것,꿈, 계시,신탁,이상등 (ηζ·.〈하자〉 주시하다, 이상을 보다, 예언하다-유래)

③ ζ 〈하조트〉 대하 9:29 계시, 묵시(ηζ·.〈하자〉 주시하다, 이상을 보다, 예언하다-유래)

④ τΩζ 〈하주트〉 사 21:2, 29:11 주시,(상징적으로) 모습, 계시, 계약, 합의, 유명한, 묵시(ηζ.〈하자〉 주시하다, 이상을 보다, 예언하다-유래)

⑤ ηζ 〈하자〉 미 1:1, 합 1:1, 암 1:1 (기본어근) 주시하다, 감지하다, 숙고하다, 특히 이상을 보다, 예언하다, 준비하다.

⑥ ηζ-μ 〈마아제〉 겔 13:7 환상, 이상, 묵시(vision) (ηζ.〈하자〉 주시하다, 이상을 보다, 예언하다-유래)

이상에서 인용된 묵시로 사용된 6개의 히브리 용어의 의미를 종합하면
첫째 : 숙고하며 주시하여 감지하는 것이며,
둘째 : 예언적인 이상을 의미하며,
셋째 : 시각이나 꿈에 나타나는 계시나 이상이며,
넷째 : 상징적으로 뚜렷한 모습이나 계약이나 합의된 묵시이며,
다섯째 : 환상이나 이상을 존경하면서 분별하려고 올려다보는 행위인 것이다.

(2) 계시의 의미

계시로 번역된 용어는 신구약에 11회 사용되었는데 그 의미는 무엇인가?

① ζ 〈하존〉 렘 14:14 보는 것, 꿈, 계시, 신탁, 이상 등 (ηζ 〈하자〉 주시하다, 이상을 보다, 예언하다-유래)

② ἀποκάλυψι" 〈아포칼립시스〉 고전 14:6 들어남, 나타나는, 빛나는, 명시, 벗김, 계시(ἀποκαλύπτω 〈아포칼립토〉 덮개를 제거하다, 나타내다, 폭로하다)에서 유래. 고전 14:26, 고후 12:1,7, 갈 1:12, 2:2, 엡 1:17, 3:3, 계 1:1)(계시.롬16:25)

③ ἀποκαλύπτω 〈아포칼립토〉 고전 14:30 덮개를 제거하다, 폭로하다(마 10:26, 갈 1:16) 나타내다(ἀπό 〈아포〉 기본 불변사, 떨어져서 + kaluvptw 〈칼립토〉 덮다, 숨기다. 고후 4:3, 벧전 4:8)에서 유래

2) 계시 묵시 비밀의 비교

요한계시록의 계시는 그 용어의 의미가 뜻하듯이 인간 편에서 볼 수 있도록 가리어진 초자연적인 비밀이나 묵시적 형상인 하나님의 뜻을 휘장을 벗겨서 밝히 들어내 보임같이 빛나게 명시하여 나타내는 하나님의 뜻의 한 표현 방법이며, 묵시는 인간의 시각이나 꿈속에서 정신적 현상 가운데, 나타나는 이상이나 환상으로 직접적인 의미 인식이 불가능한 하나님의 뜻의 계시 방법이다. 묵시가 단편적이거나, 부분적이며, 상징적이거나, 모형적인데 비하여, 계시록의 계시는 통일성이 있고, 전체적이며, 인간 자신의 정신현상이나, 꿈에 나타나는데 비하여 실제적이며, 묵시가 주관적인데 비하여, 계시는 객관적인 것이다.

그런데 비밀에 관하여는 계시나 묵시가 다같이 내포하는 것이지만, 모든 비밀은 계시나 묵시가 아니므로 유의해야 한다. 이 비밀은 ⟨μυστήριον; ⟨뮈스테리온⟩ 감추어진 것, 비밀, 신비, 숨겨지거나 비밀스러운 일, 숨겨진 의도나 계획, 목적, 비밀의 의미를 가짐

위의 세 가지 용어는 다 같이 하나님의 뜻을 표현하는 방법이지만, 계시가 완전하고 통일성이 있고 주권적인데 비해, 묵시는 인간에게 나타난 어떤 현상이나 환상 등의 형상에 집중된 표현 방법이며, 비밀은 하나님의 계시가 인간들에게 나타나지 않고, 숨겨진 상태를 나타내고 있다.

그러므로 묵시가 비밀을 내포하고, 계시는 묵시와 비밀을 포함하는 하나님의 뜻의 표현이다.

그러나 위 세 가지는 아래의 성경에서 공통성을 가진다.

① 마 11:27 내 아버지께서 모든 것을 내게 주셨으니 아버지 외에는 아들을 아는 자가 없고 아들과 또 아들의 소원대로 계시를 받는 자 외에는 아버지를 아는 자가 없느니라.

② 막 4:11 이르시되 하나님 나라의 비밀을 너희에게는 주었으나

외인에게는 모든 것을 비유로 하나니(4:12)

③ 마 10:26 그런즉 저희를 두려워하지 말라 감추인 것이 드러나지 않을 것이 없고 숨은 것이 알려지지 않을 것이 없느니라.

3) 묵시 문학의 기원

계시의 내용 중에 포함되는 묵시 문학의 형식은 구약 성도들을 통해 성경에 나타나 있으며, 또한 '바벨론, 애굽, 헬라, 파사' 등 여러 나라 신화와 천문학에서도 유래했다.(전경연 외 4명 공저 '신약성서신학' 초판(서울1963) 대한기독교서회 p.344) 이같이 그리스도 밖에 있는 인간들의 세계에도 있는 문학 형식이다.

성경에 나타난 묵시적인 표현 형식은 연대를 확정하기가 곤란한데, 그 이유는 구약성경의 묵시문학 형식의 예언서의 저작 연대의 설정이 서로 다르기 때문이다. 그러나 구약성경 중에 예레미야서, 에스겔서, 다니엘서, 요엘서, 스가랴서, 말라기서 등이 요한계시록에 사용된 묵시적 형식으로 표현되었으므로 하나님께서 사용하신 계시의 표현임을 확인하게 된다.

그런데 여기에서 복음을 전하는 사명자들이 성경의 묵시문학 형식이 이방 세계에서 모방이나 영향되었다는 생각이나 주장을 해서는 안 된다.

2. 예언 문학 형식과 묵시 문학 형식의 비교

성경에 기록된 내용을 현대인들이 사용하는 문학 형식으로 분류하면 묵시 문학 형식과 예언 문학 형식으로 구분된다. 여기서는 두 가지 문학 형식을 비교하여 요한계시록을 이해하는 데 유익을 얻으려 한다.

1) 유사점들

  예언문학과 묵시문학 형식에서 하나님 말씀은 서로 독립되어 기록된 것이 아니다. 예언서 내에 묵시 형식으로 포함되어 있음으로 엄밀한 의미에서 비교될 수 없다. 그러나, 일반 예언적인 형식과 묵시적인 형식을 비교함으로 계시록의 이해에 도움이 될 것을 기대한다.

  ① 예언문학 형식의 예언과 묵시문학 형식의 예언은 양자동일 하게 하나님께 받아서 청중에게 전달하는 같은 사명을 가지고 있다.
그러한 내용면에서 예언문학 형식을 국가와 민족들의 미래 운명에 관하여 청중들의 기대에 정반대되는 예언이 주가 되는 반면에, 묵시 문학 형식은 하나님의 말씀을 받는 청중들의 기대에 소망을 주는 미래에 대하여 말하고 있다.

  ② 양자 모두 재난과 전쟁과 절망과 곤란 중에 있는 국가나 민족에게 위로하며 소망과 신앙의 격려를 주어 극복하며, 복된 미래를 위하여 선포된다는 점에서 유사하다.

  ③ 두 형식은 한 나라 민족을 초월하여 점차 세계적인 대상으로 확대되어 우주적인 변동과 인류 구원과 천상의 소식을 전하는 초자연적인 신비성을 내용으로 하고 있다.

2) 상이점들

  ① 예언적인 형식은 그 시대나 환경이나 예언자의 특성 등에 의하여 독창성이 나타나는데 반하여, 묵시적인 형식은 서로 다른 묵시적인 형식과 표현에 있어서 유사성이나, 과거의 전통과 의미에서 유사성이 있는 것이 서로 상이함으로 묵시문학 형식의 예언해석은 전통적인 의미 해석을 필요로 하는 것이다.

② 예언형식의 말씀은 아주 단편적이며 직설적이며 하나님의 계시의 권위를 존중하여 받은 그대로 전달되었으나, 묵시 형식은 사상체계와 표현형식이 비교적 통일성을 이루고 있으며 주관적인 자기 체험을 중시하여 체계화 하고 있는 것이다.

③ 예언형식은 안계전면 축화법에 의한 표현으로 시간에 대하여 분명치 않은 경우가 있으나, 묵시 형식에 있어서는 시간에 관하여 강조점을 두고 있음이 서로 상이하다.

④ 예언형식의 성경은 그 청중대상이 국민전체이거나 국가와 같이 광범위한 대상에 관한 것이 많은 반면에, 묵시형식의 성경은 그 대상이 개인적이거나 제한된 범위를 대상으로 한다.

⑤ 예언형식의 성경은 장래의 예언이지만, 현재 세상에 얻어질 행복과 그 결과를 기대하도록 약속하는데 반하여, 묵시형식의 성경은 영계의 현상이나 미래의 신천지 등 내세에 관심을 기울이도록 계시되어 있다.

⑥ 예언형식에서는 국가나 국민 또는 땅에 거하는 민족들의 윤리관이 분명하게 다루어지는 반면에, 묵시 형식에서는 윤리 등에 무관심한 것 같이 보인다.

⑦ 예언형식은 그 당시의 민족들에게나 국가에 대하여 선언한데 반하여, 묵시형식의 성경은 기록으로 표현 되었으며, 예언문학 형식의 성경이 먼저 된 것이며, 묵시문학 형식의 계시는 후대에 나타난 표현 형식인 것이 서로 상이한 것이다.

위의 상이점들을 확인하면서, 요한계시록은 예언문학 형식과 묵시문학 형식을 공용한 하나님의 말씀의 계시이므로 이해에 유익하리라.

3. 신약의 묵시 사상과 계시록

묵시적 형식의 성경 자료들인 기사, 홍수, 기근, 폭풍, 불, 화산, 폭발, 질병, 전쟁, 동물들의 재앙(출 10:4, 9:19), 전쟁, 재난, 박해(렘 15:10, 2:8, 38~39, 5:2, 17, 18:21, 39:1), 주의 날(암 5:18~8:11, 9~14, 슥 12:12, 말 4:1~6), 심판(사 61:1~13, 24~27), 신천지 사상(욜 2:28~3:17) 등이 요한계시록에 반복되었으며, 신약성경에서 계시록 이외의 부분에서도 묵시적인 부분이 있음으로 계시록 이해를 위하여 관심을 기울이는 것이 유익하리라 생각한다. 예를 들면 막 13:1-27에 예루살렘 파괴(1-4), 전쟁과 기근(5-8), 박해(9), 우상 숭배(14-20), 적그리스도의 출현(21-23), 최후의 천지지변(24-25), 인자의 재림(26-27) 등과 같이 7단계적 표현 등은 계시록의 7인봉, 7나팔, 7대접 등과 형식의 유사한 점이 있음으로 복음서와 다른 성경의 이해를 연관시키기 위하여 관심을 기울여 보자.

1) 유사점

① 전세계와 우주적 운명을 예언한 묵시문학적인 점이 유사하다.(주의 날 살전 4:16-17, 5:2, 살후 1:6, 2:7, 심판 롬 2:8, 부활 후의 몸 고전 15:51, 그리스도의 영원한 왕권 살후 2:12, 음부의 사상 유 1:5-10, 벧전 3:19, 신천신지, 재림 벧후 3:8-13 등)

② 계시의 완성 시기에 대하여 긴급성이나 급박성을 띠고 살아있는 사람들에게 현세적 기대를 걸게 한다.

③ 내용에 있어서 계시될 사회의 질서의 파괴, 재림, 심판, 영원한 나라에 대한 표현이 공통성을 가지고 있다.

2) 상이점

　① 계시들의 묵시적 내용들이 계시록은 7교회를 수신 대상으로 하고 다른 신약성경은 모든 성도들을 대상으로 함이 차이가 있다.

　② 신약의 묵시적 표현은 위로나 격려를 목적으로 하고 있지 않으나, 계시록은 특정 환경에 처하여 있는 성도들에게 위로와 격려를 위한 특별 목적이 있어 상이하다.

　③ 신약성경의 묵시적 내용이 상징이나 환상이나 숫자 등이 일체 없고, 계시록은 상징과 환상과 신비성으로 가득 차 있다.

　④ 신약성경의 묵시적 표현이 단편적이고 체계화가 안 되어 있으나, 계시록의 묵시적 표현은 구약의 묵시적 표현과 상관되어있고, 전체가 통일성을 이루고 있어 서로 상이하다.

　⑤ 계시록의 묵시형식의 내용이 윤리면이 희박하고 형벌 심판이 강하고 현저한데 비하여, 다른 신약의 묵시형식의 표현은 개인의 윤리적인 면을 강조했고, 이것이 심판의 원리로 작용하고 있다.

　위와 같은 연구는 계시록과 다른 성경과의 연관성과 상이성을 인식하여 성경인식의 통일성을 이룩하려는데, 그 목적이 있으며, 해석의 탈선을 제한하려는데 있음을 기억해야 한다.

Ⅱ. 요한계시록 저자론

계시록의 근본적인 저자는 성령님이시나, 땅에 속한 인간저자는 누구일까 하는 질문은 복잡하고, 이직도 학자들간에 의견 차이를 좁히지 못하고 있는 것을 발견하게 된다.

복음주의자들은 성경으로 받아들이며, 그만이라고 판정하기 쉬우나 복잡하고 다양한 종말론적 환경에서 복음을 증거하기 위하여 제설을 확인하여 두는 것도 유익할 것이다.

① 계 1:1 예수 그리스도의 계시라 이는 하나님이 그에게 주사 반드시 속히 될 일을 그 종들에게 보이시려고 그 천사를 그 종 요한에게 보내어 지시하신 것이라

② 계 1:2 요한은 하나님의 말씀과 예수 그리스도의 증거 곧 자기의 본 것을 다 증거하였느니라

③ 계 1:4 요한은 아시아에 있는 일곱 교회에 편지하노니 이제도 계시고 전에도 계시고 장차 오실 이와 그 보좌 앞에 일곱 영과

④ 계 1:9 나 요한은 너희 형제요 예수의 환난과 나라와 참음에 동참하는 자라 하나님의 말씀과 예수의 증거를 인하여 밧모라 하는 섬에 있었더니

⑤ 계 22:8 이것들을 보고 들은 자는 나 요한이니 내가 듣고 볼 때에 이 일을 내게 보이던 천사의 발 앞에 경배하려고 엎드렸더니

위 성경의 '요한'은 계시록에 나타난 전체 성경으로 5회이며, '그 종 요한'(계 1:1) '요한'(계 1:2,4) '나 요한'(계 1:9,22:8)으로 표현되었으며, 분명하게 직분이 나타나 있지 않으므로 학자들 간에 이견이 많고 서로 상이한데, 어떤 주장들이 있는지 확인하자.

1. 장로 요한설

장로 요한의 저술이라고 주장하는 이유로는 '그리고 본서의 저자에 대해서도 에우세비오스의 〈교회사〉에 나오는 장로 요한 설…'(이성호 편 '일람대사전' 초판(서울.1969)혜문사 p.429)이라한데 근거하여 주장하였고, '에베소에 두 무덤이 있어서 서로 혼돈된다고 하여 사도 요한의 무덤과 장로 요한의 무덤이 있었다…'라고 함 같이 유세비우스의 1C 유대인 사가의 '교회사'란 저술에 기록된 사도 요한의 문도 paias의 문구에 의하면 장로 요한이 에베소에 있었다.(김철손 외 2명 '신약성서개론' 12판 (서울1982) 대한기독교서회 p288) 라고 한데 근거하여 주장하는 장로 요한설이다. 그러나 몇 가지로 신빙성이 없다.

첫째 : 성경상에 장로 요한에 대한 기록의 근거가 없다.

둘째 : 에베소 장로 요한의 저작 근거가 불분명하고 지지할 근거가 요한계시록에 없다.

셋째 : '이 책은 장로 요한이라는 다소 막연한 인물이 편집한 것이라는 학설을 발표한 이들도 있었으나 지금은 거의 거론하는 이조차 없다(촬스 어드맨저 김재준 역 '묵시록 강해' 초판(서울 1954) 대한기독교 서회 p.10)는 현상이 위 학설을 지지하지 않고 있다.

2. 예언자 요한설

이 설은 '아세아에 어떤 예언자 요한일 것이다. 그것은 고전 12:28을 보아 교회마다 예언자들이 있어 묵시적 예언을 했을 것이다'(전경연 외 3명 '신약성서개론' op.cit. p.349) 라는 설로서 고전 12:28의 교회의 은사자들인 선지 직분에 대한 근거에 의하여 추측한 학설이다.

3. 마가 요한설

성경에는 요한이 여러 사람인데, 그 중에 행 12:12, 15:37 등에 마가의 이름이 요한이었기 때문에 마가복음의 저자인 요한이라 주장(ibid. p.349)하지만, 계시록에 마가 요한인 증거를 제시할 만한 근거가 없다.

4. 요한의 명의를 이용한 저자설

타 묵시문학과 같이 위명으로 기록한 후에 사도 요한의 이름을 빌려 쓴 것이라는 설(ibid.p.349)이 있으나 추측일 뿐 근거 없는 주장이다.

5. 요한복음 기자 동일성

종교개혁자들인 '에라스무스, 루터, 칼빈, 츠빙글리 같은 사람들은 사도요한의 저작인 것을 의심하였으며(김철손 외 2명 '신약성서개론' op.cit p.287), 이들의 영향을 받은 J.S.Semle(셈러)의 강력한 주장으로 오늘날 사도 요한의 저자설을 부정하는 학자들이 많아졌다.
"저자가 충분히 입증된 전승 및 다수의 기독교 학자들의 설에 의하면 본서는 사도 요한 즉 예수의 지상에서의 가장 친하였던 친구 '예수의 사랑하는 제자'이다"(할레이저 '성경핸드북' 3판(서울 4288) 대한예수교장로회총회 종교교육부 p.608)
"그러나 오늘날 사도 요한설을 그대로 지지하는 사람도 많이 있다 (Catholic 학자들, (Michaelis, Albertz, De Zwaan, Klijn, Feine-Behm, Guthrie, E.Stauffer, Lohmeter, Farrer) 등이 지지하며(김철손 외 2명 '신약성서개론' loc.cit, p.287) 촬스어드맨도 지지하고 있으며, 한국에 보수적 저명학자들이 지지하고 있는 설이다. 예를 들면 Justin Martyr(A.D.140) Irenaeus(A.D.180) 무레토리 정경 "170년경 로마에서 작성된 것으로 기독교 성경의 목록을 포함하고, 히, 벧전후, 야고보를 생략하고 지혜의서와 베드로서 계시록이 가해지고 있다"(할렐이 저 op.cit.p.656)는 에서도 사도 요한의 저서를 주장하며,

A.D150-200의 Tertulian과 Clement of Alexandrea(A.D.200)와 Hippolytus(A.D.240) 등 고대 교부들도 사도 요한설을 지지하였다. 그러면 사도 요한설을 부인하는 주장의 내용과 요한설을 주장하는 이유를 확인하자.

1) 사도 요한의 저작설을 반대하는 이유

① 문체와 용어가 요한복음서와 차이가 많다. 복음서에는 양이 2회 언급되었으나, 계시록에는 29회이며, 복음서에서는 사람, 로고스의 성육, 하나님 아버지 그 독생자, 빛, 진리, 은혜 등의 용어가 많이 사용되었으나 계시록엔 거의 나타나지 않는다.

② 복음서에서는 예수 그리스도가 성육하여 순수 인간성을 가지고 인자로서 지상생활을 통하여 구주가 되는 것을 증명하려 하였으나, 계시록은 그리스도의 천상적인 영광을 누릴 것을 예시했고, 세상 심판에 대한 상징적인 표현이 많이 있어 전체가 가현적인 요소를 농후하게 나타내고 있다.

③ 계시록에는 저자의 신분이 밝혀지지 않았으나, 복음서에는 사랑하는 제자(요 21:7, 20) 라 하여 신분을 밝혔다는 점에서, 계시록의 저자는(1:1) 사도 요한이 아니라고 주장하며,

④ 사도 요한은 일찍이 야고보 형과 더불어 예루살렘에서 순교를 당했다고 전해지고 있는데, 야고보의 순교가 행 12:1에 있으며 요한의 기록은 없으나, 그 형제들이 전에(막 10:38) 고백한 것을 미루어 보아 함께 죽음을 당했으리라고 생각할 때에 그 때는 A.D 62년 경이니, 사도 요한이 계시록의 저자일 수 없다는 주장이다.

⑤ J.Welihausen은 계 1:1-3과 22:18-19은 타인이 후대에 삽입한 것이라 추측하여 사도 요한 저술을 반대한다.

⑥ 계시록의 요한이 자신을 사도라 하지 않고 선지자라(10:11)한 것

을 보아 사도 요한설을 반대한다.

⑦ 계시록에 비참하고 뇌성벽력이 들볶는 것 같은 장면은 복음서 기자 요한의 명상적이고, 신비적이고, 사랑의 사도에게 합당치 않다고 주장한다.

2) 사도 요한의 저작설을 찬성하는 이유

위에 반대하는 주장들을 부정하므로 타탕성을 주장하게 되는 것이다.

① 문체의 차이점에 관한 반대 이론에 관하여는 용어의 차이가 있을 수 있다는 이론으로 사도 요한 저작설을 변증한다. 그런데 A.D.200년경 제3세기 중엽에 알렉산드리아 감독 Diontsius도 요한복음과 요한서신과 문체비교에서 차이가 격심하다는 이유로 사도 요한 저작을 부인할 정도의 오랜 역사적인 근거를 가지고 있으나, 이러한 이유만으로는 사도 요한 저작설을 부인할 수는 없다. 성경의 기록한 내용은 성도들과 그 말씀을 받는 청중들의 환경에 따라 언제나 동일한 것은 아니다. 그러나 λóγο"의 사용은 계 19:13, 요 1:1, 요일 1:1, 생명의 물은 계 7:17, 12:6, 22:17과 요 4:14, 목자는 계 7:17, 요 10:11, 증거는 계 1:2, 요 5:36, 새 예루살렘은 계 21:22, 요 4:21, 사단을 승리함은 계 21:7, 요 17:24, 어린양은 계 5:12-13, 요 1:29, 특히 예수님의 찔리심에 대한 예언인 슥 12:10의 예언이 계 1:7, 요 19:37에 인용된 것 등으로 미루어 보아 요한복음과 요한계시록은 중한 합일점을 가지고 있음으로 판정은 할 수 없다고 해도 사도 요한설을 부정할 수는 없는 것이다. 더욱이 사도 요한설을 부담 없이 받아들일 수 있는 것이다.

② 요한복음에는 예수 그리스도의 가현적 요소가 전혀 없다고 반대하나 요 1:15에는 '하나님의 독생자의 영광'이라 말씀한 것은 그 영광의 모습의 가현적 성격을 띠고 있음을 나타내는 것이며, 계시록은

묵시 자체를 나타낸 것이므로 상징과 환상으로 이루어졌는데, 이는 상통한다고 할 수 있음으로 가현적인 표현 때문에 계시록 저자가 사도 요한이라는 것을 부인하는 이유가 되지 못한다는 것이다.

③ 계시록의 저자는 자기의 신분에 관하여 '종 요한'(1:1)이나 '나 요한'(1:9)에서 신분을 나타내지 않았으므로 사도 요한이 아니라고 주장하나, 계시록을 기록할 당시의 초대교회시대 '종'이나 '나'라고만 하여도 그 신분을 잘 알 수 있는 요한이라는 사람이 누구이겠는가? 그런 의미에서 다른 어떤 요한보다 사도 요한이라는 점이 타당할 것이다.

④ 사도 요한이 일찍 순교했을 것이라고 주장하여 사도 요한설을 부인하나, 요 21:21-22에 의하면 그는 순교될 것이 아니라 평화롭게 세상을 뜰 것이 암시되어 있으며, 전하는 바에 의하면 요한은 에베소에서 소천이 되었다고 하며, 그가 Domitian 로마 황제의 핍박으로 밧모 섬에 유형되었다가 그 다음 황제인 Nerva 때에 즉A.D 97-98에 에베소로 돌아와 여생을 마쳤다고 하는 것이다.

⑤ J. Welihausen 은 계 1:1-3과 22:18-19을 후대에 추가 되었다고 주장하여 사도 요한설을 부인하지만, 그가 부인하기 위하여 주장한 성경 계 1:1-3은 7복 중에 하나로 1:3, 14:13, 16:15, 19:9, 20:6, 22:7, 14 등의 복들이 사도 요한 저자의 기록임을 주장하고 있는 것이다.

⑥ 요한을 사도라 하지 않고 선지자라(계 10:11) 하여 사도 요한설을 부인한다면 그것은 별 의미가 없는데, 계시록이 묵시적 예언서라면 사도라고 하기 보다는 예언자 또는 선지자라 함이 더 적합한 것이 아니겠는가 하는 것이다.

⑦ 묵시록의 모든 장면이 사랑의 사도에게 맞지 않다는 이유로 사도 요한 설을 부인하는 이유는 설득력이 없다. 그 이유는 막 3:17 또 세베대의 아들 야고보와 야고보의 형제 요한이니, 이 둘에게는 보아너게 곧 우뢰의 아들이란 이름을 더하셨으며, Βοανεργέ” 기원은 아람어의‘우뢰의 아들, 사도 중 2인의 별명’이라는 의미의 보아너게로서 사마리아에 대하여 눅 9:54 제자 야고보와 요한이 이를 보고 가로되 주여 우리가 불을 명하여 하늘로 좇아내려 저희를 멸하라 하기를 원하시나이까 사도 요한은 갈릴리 벳세대 출신으로 세베대의 아들이며, 어부에 종사하던 사람으로 예수님의 부름에 순종하였고 (막 1:19-20, 4:21-22), 그의 형 야고보와 예수님의 제자였으며, (A.D.50년경 예루살렘 대회에 참석했으며 행 15:2-14), 누구보다도 사랑이 필요했고 은사로 성장한 사도이다. 그런데 계시록의 요한의 처세는 결코 멸망의 참상을 즐거워하지 않고 있다는 사실을 명심할 것이다. 그러므로 사도 요한설을 부정하는 구실은 설득력이 없고, 사도 요한이 계시록의 저자설을 의미 있게 하는 것이다.

이상으로 요한 계시록의 사도 요한 저작설에 대한 변증이 계속되었으나, 문제점은 계속 남을 것이다. 그 이유는

* 전설을 중심 할 때 예루살렘 사망과 에베소 사망이 함께 공존하고 있으며,

* 요한계시록에 ‘사도’란 직함이 한 곳도 없음으로 요한이 사도가 아니라고도, 그라고도 주장할 수 없다는 점이며,

* 사도 요한 저작설의 찬반론이 교회사적 조명에 의하면 기독교 거성들이 서로 의견을 달리하고 있기 때문이며,

* 또한 인간의 편견 때문에 문제가 제기된다.

6. 계시록 저자에 관한 복음적 증거

① 요한계시록 하나님 말씀 앞에서 그리고 하나님 앞에서 겸손해야 한다.

② 사도 직함이 요한이든 아니든 요한인 것이 분명하며 만일 사도였을 경우에도 사도 직함이 불필요함으로 기록되지 아니한 것으로 받아들여야 한다.

③ 계시록의 요한은 보통 평범한 성도가 아님이 분명한데, 그것은 계 1:9 나 요한은 너희 형제요 예수의 환난과 나라와 참음에 동참하는 자라 하나님의 말씀과 예수의 증거를 인하여 밧모라 하는 섬에 있었더니

④ 계시록의 요한은 사명 의식이 대단한 자인 것이 분명하다.
계 1:1 … 천사를 그 종 요한에게 보내어 지시하신 것이라

⑤ 계시록의 요한은 일반 교인이 아니고, 영계와 교제가 가능하며 영계를 볼 수 있도록 성장한 사명자인 것이다.

⑥ 요한은 아시아의 7교회를 잘 아는 분이시며, 동시에 요한이란 이름으로 그 신분이 보증될 만한 인물인 것이다.

⑦ 아시아의 7교회 성도들과 형제적 관계를 가진 자로서 환란 때 유배를 갈만한 거물급 지도자였음이 분명하다.

⑧ 요한계시록의 묵시적 계시 내용은 구약의 내용들과 연관성이 있음을 보아 구약성경에 정통한 자임이 분명하다.

⑨ 루터나 칼빈이나 츠빙글리 같은 종교개혁자들이 의심을 하였다면 우리는 정설이 없는 어떤 설을 창안한 것이 아니라, 계시록에 기록된 대로만 인정하고, 사도 요한설이나 어떠한 설도 자기 마음에만 확정하고 주장하지 말 것이다.

⑩ 그러나 분명히 하나님이 택한 요한이 있고, 그가 계시록의 저자임이 사실이다.

Ⅲ. 요한계시록 기록 장소와 연대

　계시록의 기록 장소와 기록 연대에 관하여는 그렇게 간단한 것이 아니다. 아래의 증거들에 관하여 관심을 기울이자.

1. 기록 장소

　일반적으로 기록된 장소는 불분명한 것이 사실이나, 기록된 장소는 기록된 연대에 표준하여 서로 다르게 주장할 수 있겠으나, 아래 인용에 관심을 기울이자.

"밧모 '그 명성을 그 수인에 힘입었다' 에베소 남서 약 100 Km, 장 약 16 Km, 폭 약 10Km, 수목이 없고, 암석이 많다. 요한은 도미시안 황제의 박해하, 95년 이곳에 추방되었고, 다음 황제 네르바의 치하에 석방되어 96년에 에베소에 귀환이 허가되었고, 98년부터 시작한 도라얀 황제의 치세까지 생존하였다고 한다. 밧모에 '있었더니' 1:9라고 하는 과거 동사는 그가 밧모에서 환상을 받고 석방된 후 즉 도미시안 황제의 박해 후 기원 100년에 시작한 도야란 황제의 박해 사이에 기록된 것을 시사하고 있다.

(할레이저 op.cit.p.609)

'그런데 계시록의 내용으로 보아 제1세기 말엽이라는 것이 가장 적당하다. 2:8-11에 나오는 서머나 교회는 바울 당시에는 아직 수립되지 않았으며, 3:17의 라오디아 교회는 60-61년에 지진으로 완전 파멸되었다. 그런데 90년경에 이 교회들이 다시 복구되었다고 생각한다. 결국 계시록은 도미시안 황제 말기 90-95년 에베소에서 기록되었다는 것이 가장 타당하다.

(김철손 외 2명 '신약성서개론' op.cit.p.286)

성경에는 계시를 받은 장소는 밧모인 것이 분명하다. 본 계시를 밧모에서 기록한 여부는 불분명하다. 그러나 성경에 기록된 역사에 의하여 인식해야 한다.

계 1:9 나 요한은 너희 형제요 예수의 환난과 나라와 참음에 동참하는 자라 하나님의 말씀과 예수의 증거를 인하여 밧모라 하는 섬에 있었더니(과거)

위 성경에 계시록의 기자인 요한이 과거 밧모에 있었음을 나타내므로 이에 의하여 본다면, 계시를 받은 장소는 분명하게 밧모섬이나 기록할 때는 밧모 섬의 일은 과거인 것이 분명하며, 박해에서 놓여 에베소에 돌아가서 여생을 마치었다면 에베소가 저술 장소가 될 것이다. 이 사실에 대하여는 기록 연대 연구에서 확인하기로 하자.

2. 기록 연대

본서의 집필이 로마 박해와 관계되어 있음으로 로마 황제 연대에 대하여 연구하고, 계시록의 기록 연대를 확인하자.

1) 로마 황제의 연대

* 1대 Augustus Caesar   주전30년~주후14년

* 2대 Tiberius 주후14~37

* 3대 Caligula 주후37~41

* 4대 Claudius 주후41~54

* 5대 Nero   주후54~68

  군이 정치가 : Galba Otho Vitellius 주후68~69

* 6대 Vespasian 주후69~79

* 7대 Titus 주후 79~81

＊ 8대 Domitian 주후 81~96
＊ 9대 Nerva 주후 96~97
＊ 10대 Trajan 주후 97~117
＊ 11대 Horian 주후 117~138
＊ 12대 Antinius Pius 주후138~161
(전경연 외 3명 '신약성서개론'op.cit.p.360~361)

요한계시록의 기록 연대는 위의 로마 황제의 치세 범위 내에 있음이 분명하지만, 여러 가지 견해가 있음을 확인할 수 있다.

2) 네로 황제 시대설

일반적으로 도미시안 황제 치세의 말기 96년이라 하고 있다. 어떤 사람들은 좀더 연대를 소급시켜 예루살렘 파괴 이전 네로 황제 치세의 말기 68년을 주장하고 있다.
(할레이저 op. cit. p.608)

① 주후 69년설 본서 11장에 있는 성전 측량건에 근거하여 요한 본서 기록시대에 아직 성전이 있었기 때문에 성전 관용어가 나왔다고 주장한다.

② 주후 67년설 문체가 서툴고 17:10 해석과 예루살렘 성전 파괴를 모르는 듯한 이유로(1:1) 네로 시대로 보아 67년을 주장한다. (일람표 대사전 op.cit. p.429)

③ 주후 68년설 특히 19세기 학자들 중에는 묵시록의 전부 또는 일부분이 네로 황제 때의 기록이라고 주장하고 있다.

그 이유로는 첫째 : 계 11장의 '거룩한 성'은 예루살렘 멸망 전 기록의
증거이며 둘째 : 계 13장의 짐승이 네로를 상징하는 것으로 믿고 있기
때문이다.

이상의 주장은 신빙성을 상실하고 있으며, 계시록의 해석에서 묵시
적 해석의 성격을 상실하고, 13장의 짐승을 네로로 확정하지만 문제점
이 많고, 설득력이 부족하다.

3) Domitian 전기설

Domitian 전 즉위자인 Vespesian 시대(주후 69-79)이라고 주장한
다 그이유는 계 17:10에 '다섯은 망하였고 하나는 있고'라고 한 것을
Vespasian 황제로 보았기 때문이다. (정경연 외 3명 Loc.cit.p.353)

4) Domitian 후기설

이 설을 주장하는 학자들은

첫째 : 계시록 저자는 마태복음과 누가복음을 실제로 읽었다고 생각
한다. (1:1, 마 24:6, 눅 21:9, 2:7, 마 11:5, 눅 8:8, 6:2-7, 21:8-
12)

둘째 : 2-3장에 나타난 소아시아 7교회 형편은 네로 이후 실태를 말하
였다. 즉 서머나 교회는 실제로 60-64년에 창설되었다. 그리고 에베소
의 니골라 당은(2:6) 바울 이후에 생긴 것이다.

그래서 바울이 이에 대한 언급한 것이 없다는 주장이다.

셋째: 주후 95-96년설-그러므로 묵시록은 주후 96년 로마 도미시엔
황제의 마감에 씌어졌다는 것이 더 훨씬 더 합당하다. 여러가지 사실이
이 결론을 가지고 있다. 무엇보다도 먼저 제2세기로부터 제5세기 전반

에 걸쳐 교부들의 거의 전부가 이 결론에 합의하고 있었다는 것은 경시 못할 증언일 것이다. 즉 그리스도 교회의 전 부분에 있어서 이렇게 오래 동안을 두고 묵시록은 네로 때가 아니라 도미시안 때에 지어진 것이라고 전해왔다는 것이다. (촬스어드맨저 op.cit.p.12)

① 역사적 논증 − 네로의 핍박은 로마시에 국한되었고, 전반적인 것이 아니었으며, 네로 때의 핍박은 방법에서 추방 귀양 보내는 일은 없었고, 다만 감옥에 투옥시키거나 불태우거나 십자가에 못 박거나 하고 귀양 보낸 기록이 없다. 그리고 네로의 핍박 동기가 자기가 저지른 로마 시의 빙화 혐의를 피하려고 약한 새종교인 기독교인들을 무고힌데 지나지 않으며, 주후 64-68년까지며 더 계속되지 않았으므로(촬스어드맨저 op.cit.p.13) 요한계시록의 기록연대는 64-68년이 아니며 다른 시대임이 확실하다.

② 귀양 보내는 핍박은 도미시안 시대임이 95-96년설을 지지한다. '도미시안 황제 때의 사건은 로마 황제를 신으로 삼아 예배하라는 명령을 일부 크리스찬들이 거부한데서 생긴 것으로 요한이 이른바 "짐승의 형상을 예배한다'는 그것이다. 그리므로 핍박의 근본 출처로 따져볼지라도 묵시록의 저술은 네로 때가 아니라 도미시안 때임을 지적할 수 있다. 도미시안 황제 때는 귀양 보내는 것이 일반적으로 사용된 형벌로서 거기 대한 자세한 이야기 들이 남아있다.(ibid. p.13)

③ 황제 숭배는 도미시안 때 성행했으며, Irenaeus 나 Eusebius 등은 도미시안(주후 81-96) 때에 요한이 datmos에 유형되었다고 말함으로서(전경연 외 3명⋯p.354) 요한계시록은 95-96년경에 저술되었음이 신빙성이 있다.

④ 교회설립의 역사적 증거 바울이 아시아에서 설립한 교회는 계시록 7교회를 읽어 볼 때에 이미 오래 전이고 여러 발전과정이 있었고, 주후 64년경에 가난한 교회로서 그런 형편에 있을 수 없었으며, 특히 서머나 교회는 주후 64년경에 설립되지 못했던 것으로 보아 네로시대 설을 반대하며(촬스어드맨저 loc.cit.p13) 도미시안 시대설을 지지한다.

Ⅳ. 요한계시록 수신자

요한 계시록의 수신자는 본서에 나타나 있는 대로

① 계 1:4 요한은 아시아에 있는 일곱 교회에 편지하노니 이제도 계시고 전에도 계시고 장차 오실 이와 그 보좌 앞에 일곱 영과

② 계 1:11 가로되 너 보는 것을 책에 써서 에베소, 서머나, 버가모, 두아디라, 사데, 빌라델비아, 라오디게아 일곱 교회에 보내라 하시기로 "물론 계시록의 저자는 에베소에 정주하였으나, 필요에 응하여 각 지방을 순회하며, 교회 지도자 임명, 조직과 질서를 정리시키는 일에 주력하였다. 그는 도미시안 황제(주후96-97) 때에 에베소로 돌아왔다고 전해지고 있다.

그 당시에 그 일곱 교회로 이 본서를 보냈다고 한다. 그러나 7교회만 아니라 그 근방의 교회와 더 나아가서는 온 교회로 보낸 것이 확실하다. 그러나 바울의 전도지였던 골로새와 히라볼리는 그때의 지진으로 말미암아 파괴되었는데, 요한 때에는 아직 복구되지 않아서 뺀 것 같다. 그러나 그는 그 교회들도 염두에 두었을 것이다. 그 밖에 서쪽에 밀레도 북쪽에 아드라뭇데노, 앗소, 드로아 등지도 포함할 수 있다. 그런데 7교회를 택한 것은 7의 성수(Cared number)를 생각해서 그런 것이다.

Ⅴ. 요한계시록 기록동기 목적

요한계시록이 기록된 동기와 목적은 무엇인가? 이것을 확인해 두는

것이 유익한데 계시록의 이해를 위해 안정성 있는 자세를 가지게 하기 때문이며, 동시에 하나님의 의도하심을 체계 있게 인식할 수 있기 때문이다. 요한계시록이 시대를 초월한 하나님의 말씀이므로 기록 당시의 성도에게 주는 당시의 목적과 또한 모든 세대의 하나님의 백성들에게 주시는 초월적인 목적이 있는 것이다. 그러므로 아래의 기록은 초대 아시아 교회들에게 주신 목적이 곧 모든 세대와 모든 환경에서 같은 환경의 전 세계교회에 같은 계시로 주셨음을 인식하여야 하는 것이다.(1:19) 그러니까 계시록은 인류 역사의 모든 성도들에게 주어진 것으로 받아 모든 시대의 성도들이 하나님의 말씀으로 받아야 된다.

1. 구체적 목적

예루살렘에서부터 로마의 치세로 박해가 지속되며, 네로의 박해와 도미시안의 박해와 교회 내에 침투되는 다양한 문제점들이 있었다. 이에 지치고 낙망한 성도들의 믿음을 굳게 하여 순수한 교회를 유지하여 소망을 불 일듯 하게하며 승리의 삶을 살게 하려는데 의도가 있었던 것이다.

① 저자 자신이 밧모 섬에 유형을 당하고 있었으며, 그 때에 당하고 있는 일시적인 환난과 재난을 참고 견디며, 불원에 예수 그리스도의 재림으로 기독교인의 최후 승리가 있으리라고 하여 신앙을 격려할 목적이 있는 것이다.

② 성경에 기록된 목적 중에 하나인 그 당시의 혼란한 묵시적 서적들의 배격과 절대적인 하늘나라의 도래를 주장하려 하였으니, 현재 로마의 무력적 통치가 전세계를 지배하고 있으나, 초월적인 하나님의 주권이 이 세상을 통치할 것을 강력히 주장함으로 소망을 북돋우었다.

③ 불안과 공포에 쌓인 성도들에게 그리스도의 최후에 승리를 확증하

며, 그를 믿는 자에게 영원한 축복을 약속하기 위해 기록된 것이다.

2. 초월적 목적

① 하나님의 초월적인 섭리와 주권적인 섭리를 성도들에게 알게 하며,

② 종말론적인 모든 성도들이 참된 성도의 삶을 살게 하며,

③ 종말론적인 사회 안에 있는 교회 상을 조명하고 교회의 순수성을 유지케 함이며,

④ 인류 역사의 종말과 내세에 대한 하나님의 의도를 보여주려 함이며,

⑤ 모든 성경의 종말론적 예언의 총체적 섭리를 보여주어 예언 성취로 성도들을 깨우치려 함이며,

⑥ 지상생활의 유한함과 영원한 세상의 가치성을 교훈하기 위함이며,

⑦ 불택자들의 최후를 보여 줌으로서 성도의 최종적 사명을 수행하게 하려 함이며,

⑧ 모든 고난당한 성도들을 위로하며 격려하고 동시에 그리스도의 형상을 완성하려고 하신 것이다.(엡 4:13-14, 롬 8:29-30)

VI. 요한계시록의 주제 가치 특징

주제는 무엇이며 가치는 어떠하며, 다른 성경과 특징은 무엇인지 확인하고, 계시록 이해에 접근하기로 하자

1. 계시록의 주제

주제에 관한 것은 여러 가지 보는 관점에 따라서 각각의 의견을 달리할 수 있으므로 성경을 인용한다.

① 계 1:19 그러므로 네 본 것과 이제 있는 일과 장차 될 일을 기록하라

② 계 1:7 볼지어다 구름을 타고 오시리라 각인의 눈이 그를 보겠

고 그를 찌른 자들도 볼 터이요 땅에 있는 모든 족속이 그를 인하여 애곡하리니 그러하리라 아멘

③ 계 1:1 예수 그리스도의 계시라 이는 하나님이 그에게 주사 반드시 속히 될 일을 그 종들에게 보이시려고 그 천사를 그 종 요한에게 보내어 지시하신 것이라

④ 계 14:12 성도들의 인내가 여기 있나니 저희는 하나님의 계명과 예수 믿음을 지키는 자니라

⑤ 계 22:20 이것들을 증거하신 이가 가라사대 내가 진실로 속히 오리라 하시거늘 아멘 주 예수여 오시옵소서

주제설정에 있어서 어디에 관점을 두느냐에 따라 서로 상이할 수 있는데

첫째 : 기록 내용중심으로 말한다면 "계시록 기록 당시의 일과 장차 될 미래의 계시"며(1:19)

둘째 : 주님의 임재를 중심으로 본다면 '예수님의 다시 오심'이며(1:17)

셋째 : "반드시 속히 성취될 그리스도의 계시"이며((1:1)

넷째 : 성도들을 위로 격려하는 관점에서는 "계명과 그리스도의 믿음을 지키는 성도의 인내"이며(계14:12, 13:10)

다섯째 : 축복적인 관점에서는 성도에게 허락된 '3대 축복' (계 1:3)이라 할 수 있다.

위의 주제들은 계시록 해석과 이해에 큰 유익을 줄 것이며, 주의 성도 보호와 이방인에 대한 죄의 형벌과 승리하심과 영원한 행복에 대한 보상을 위한 조속한 재림을 약속 받는다

2. 계시록이 성도에게 끼치는 가치

　성경은 하나님의 시각에서 조명된 계시이므로 여러 가지 면에서 가치 성을 거론할 수 있으며, 계시록을 받은 성도의 영적 상태나 환경에 따라서도 각각 다르게 나타날 것이다

　① 신구약 성경의 섭리자이신 하나님의 최종적 지상섭리를 보여 줌으로 큰 믿음을 준다.

　② 십자가에서 죽으시고 부활하신 예수님이 만왕의 왕으로서 승리자가 되시므로 성도들에게 큰 위로와 소망을 준다.

　③ 죄의 값인 사망(겔 18:19-20, 롬 6:23)에 대한 실증을 구체적으로 봄으로서 성도들의 생애를 경성케 하며 마음을 시원하게 해준다.

　④ 종말론적 공의와 사랑을 한눈으로 보게 됨으로 불안을 해소하고 담력을 주게 된다.

　⑤ 천상 영계의 조명을 통하여 영계를 뚜렷이 봄으로 성도들의 영적 시안을 넓게 하여 준다.

　⑥ 특히 하나님의 보좌 앞에 출입하던 사탄과 악령들이 지상으로 추방되고 영원한 형벌을 받음으로 악령에게 완전히 승리하는 것을 깨닫게 되어 지상생활의 담력을 준다.

　⑦ 영안을 열어 줌으로 고도한 영적 성장을 선물로 준다.

　⑧ 인류 역사 안에 사는 성도가 세상에 되어지는 모든 것을 하나님의 눈으로 조명할 수 있게 하여 준다.

　⑨ 모든 환경에서 보상을 위하여 인내할 수 있는 믿음을 준다.

　⑩ 육에 속한 성도(고전 3:1-3)를 영에 속한 성도가 되게 한다.

3. 계시록의 특징

　계시록의 특징에 관하여 연구함으로 복음 이해에 도움이 될 것이다.

1) 계시록 기록의 특징 중 하나는 기록된 형식에서 두드러진다. 예를 들면 두루마리 책, 나팔, 금 대접, 인봉, 표, 용, 짐승, 여인, 도시 등이 모두 어떤 표징인데, 무슨 의미인지 명확하게 알기가 어렵고 많은 이론이 야기되어 온 것이다.

2) 또한 특징은 수에 대한 것이다. 특기할만한 것은 일곱 인봉, 일곱 나팔, 일곱 대접 등 또 다른 숫자 들이 어떤 표징을 이루며 의미를 이어가고 있는 것이다.

3) 또한 특징은 계시록의 저자 자신이 신비스러운 영계의 체함과 그 체험을 기록하고 있다는 것이다.

4) 요한 계시록의 특징은 묵시문학의 특징으로 산문 형식이 있는데 394절중에 371절이 시 형식으로 되었다는 사실이다.

5) 계시록에 나타난 7복

① 계 1:3 이 예언의 말씀을 읽는 자와 듣는 자들과 그 가운데 기록한 것을 지키는 자들이 복이 있나니 때가 가까움이라

② 계 14:13 또 내가 들으니 하늘에서 음성이 나서 가로되 기록하라 자금 이 후로 주 안에서 죽는 자들은 복이 있도다 하시매, 성령이 가라사대 그러하다 저희 수고를 그치고 쉬리니 이는 저희의 행한 일이 따름이라 하시더라

③ 계 16:15 보라 내가 도적 같이 오리니 누구든지 깨어 자기 옷을 지켜 벌거벗고 다니지 아니하며 자기의 부끄러움을 보이지 아니하는 자가 복이 있도다.

④ 계 19:9 천사가 내게 말하기를 기록하라 어린양의 혼인 잔치에 청함을 입은 자들이 복이 있도다 하고 또 내게 말하되 이것은 하나님의 참되신 말씀이라 하기로

⑤ 계 20:6 이 첫째 부활에 참예하는 자들은 복이 있고 거룩하도다 둘째 사망이 그들을 다스리는 권세가 없고 도리어 그들이 하나님과 그리

스도의 제사장이 되어 천년 동안 그리스도로 더불어 왕 노릇 하리라.

⑥ 계 22:7 보라 내가 속히 오리니 이 책의 예언의 말씀을 지키는 자가 복이 있으리라 하더라.

⑦ 계 22:14 그 두루마기를 빠는 자들은 복이 있으니 이는 저희가 생명나무에 나아가며 문들을 통하여 성에 들어갈 권세를 얻으려 함이로다.

Ⅶ. 요한계시록에 관한 해석법

계시록 해석을 대략 분류하면 과거적 해석법, 미래적 해석법, 역사적 해석법, 영적 해석법으로 표현하지만, 그렇게 복음적인 것 같지 않으나, 다만 기독교 2000년사에 신학자들에 의하여 주장되었다는 사실을 알고 계시록의 이해를 위하여 연구하자.

1. 과거적 해석법 (Preterist Interpretation)

이 해석법에 의하면 본서의 주제는 로마 제국에 대한 그리스도의 승리로 거의 요한 자신의 시대에만 관련한다.

그 언사는 극도로 표현적으로 취급하게 된다.

일곱 인봉은 로마 제국 위에 떨어지고 있는 무서운 심판의, 그리고 그 간에 있어서 교회의 종시 안전에 계속이다. 짐승은 로마 제국, 거짓선지자는 황제 예배를 강요하기 위하여 조직된 제사직, 혹은 로마 영의 아시아이다 바벨론은 로마 시이다. 이것에 지상적 천 년 왕국이 계속된다. (할레이저 op.cit.p.614)

기록된 환상의 전부는 아닐지라도 적어도 대부분은 과거의 사건을 기록한 것이라고 하는 설이다. 즉 저자의 시대에 생긴 사건이며, 기독교에 대한 로마의 핍박과 불원에 올 제국의 멸망을 기록한 것이라고 주장한다. 이 주장은 네로를 짐승으로 바벨론을 로마로 보는 것이다. (촬스어드맨저 op.cit.p 15-17)

또한 Stuart, Alcassar, Caotius, Hammond 등이 주장하는 것은 '묵
시록에 기록된 모든 사건, 상징, 환상을 기록된 당시에 일어난 사실이
라고 하는 설이다. 당시는 도미티안 시대였는데 18:8,11에서 황제를
지적한다고 보았다. '감람유와 포도주'에 관한 기사는 (6:5-6) 실로 93
년에 도미티안 치하에 이태리 주의 포도산업 보호를 위해 다른 데서 수
입하는 것을 금지하였으므로 포도값은 떨어지고 곡식 값은 앙등하였다
는 사실로 해석한다. 황제 숭배와 우상 숭배는 일찍부터 서머나와 에베
소에 성행하였다
본서 21-22장만이 장래 일이고 나머지 기사는 즉 1-20장은 모두 과
거에 일어난 역사에 부합시켰다.
(전경연 외 3인 저 '신약성서개론' op.cit.p.356)

위의 과거적 해석법의 주장들은 과거의 역사가 확실 할수록 요한의 환
상과 로마 제국의 연대를 맞추기가 어려우며, 계시록의 성경 내용이 미
래에 집중되어 있는 예언성을 부인하고, 그리스도의 재림과 인류의 종
말에 대하여 부인하는 과오를 범하게 되는 학설이다.

2. 미래적 해석법 (Futurist Interpretation)

이 학설에는 극단론자들과 온건론자들이 있어 견해차가 있는데 확인
하자.

극단론자들의 주장 – 묵시록의 이상들은 다 예수님의 재림 전에 생길
사건만을 말한 것이라고 한다. 그들은 7교회에 편지 보낸 사실도 미래
사실이라고 한다.

온건파의 주장 – "이 편지를 쓴 직후에 교회들은 비밀한 환각중에 감
추어지고 그 후 4~19장까지는 유대인의 경험과 짐승의 내력을 기술한
것이라고 한다. 그 짐승의 권세 아래에서 유대인인은 대환란을 받는다

는 것이다. 이 해석으로는 그리스도는 이 짐승을 멸하고 사탄을 결박하고 이 땅에 천녀왕국을 위하여 온다는 것이다." 라는 설이다. (촬스어드맨저 op.cit.p.17-18)

　위 학설이 교회에 공헌한 것은 교회로 그리스도 재림에 관심을 갖게 하는데 큰 공헌을 하였으며, 그리스도의 재림에 계시록의 모든 교훈에 초점을 맞추었으며, 소망을 불러 일으켰을 것이지만 반면에 그리스도의 재림에 절박한 나머지 계시록의 표징을 현실사회에 짜 맞추려 함으로 쓸데없는 연대 계산으로 그리스도의 재림 일자를 말하여 실수하는 소란을 일으키게 할 가능성이 큰 것이다.　그러나 계시록은 그때 당시의 교회에 대한 기록도 있으므로 전적으로 미래의 사건이라고 주장하는 것은 타당성이 없다.

3. 역사적 해석법 (Historical Interpretation)

　이 해석에서는 로마 시대부터 세상 끝날 까지 전개될 인간 역사의 중요 사건을 미리 알려 주는 것이라 한다. 예증으로는 ① 로마를 멸망시킨 야만 민족의 침입 ② 개정 교회의 부흥 ③ 불란서의 혁명 ④ 세계 전쟁 등을 다 예언하였다고 하는 것이다.

그리고 짐승을 모하멧이나 나폴레옹 또는 현대 독재자라 하며 현대 정치적 사건을 묵시록에 맞도록 해석하기에 몰두한다. 대부분 사람들이 짐승 즉 적그리스도를 로마 법황에게 적용, 바벨론을 로마 천주교 왕국으로 해석한다. 그래서 법황이 생긴 해에다 짐승의 연대 1260일 가하여 그리스도의 재림의 연대에 해당시킨다. 그러나 예고가 실패할 때에 예언 연구가들에 의해 거짓에 대한 비난을 받게 되었다.(ibid.p.16)

　그러나 재림의 시기나 역사를 구체적으로 적용하는 과오만 범하지 않는다면 학설로서만은 긍정이 갈 만하다고 본다.

 그러나 본 해석법의 난점은 한두 가지가 아닌데 그것은 계시록의 기사가 세속화와 기독교회사에 어느 것에 관한 것인가도 일치된 의견이 어렵고, 상징적인 계시의 내용이 어떠한 역사에 적용되는 가에도 일치가 어려우며, 계시의 내용이 무엇을 말하는 가에도 합일하지 못하게 된다. 그리고 재림과 국가 적용에 급급하고 계시록의 복음적 의미에 관하여 무관심하게 될 우려가 있는 것이다.

4. 영적 해석법 (Spiritual Interpretation)

 계시록의 "기사는 과거와 현재와 미래의 어떤 특수한 사건이나 인물을 기술한 것이 아니라 온갖 세대를 통하여 신도들을 지도하며 격려하기 위하여 심령적인 원칙을 표시한 것뿐이라 한다. 이 원칙은 하나의 극(연극)과 같이 상징적 환상의 형식으로 묘사되었다는 것과 하나님이 전 우주를 통치하는 분이라는 것, 그리스도가 모든 원수를 정복하신다는 것, 이 세상의 비극과 재난에 밝혀지는 듯해도 이 황금시대를 향해 어김없이 전진하고 있다는 것이다. (ibid. p. 18~20)
이 해석법에 의하면 본서는 전혀 역사적인 사건— 요한의 생존 당시에도 종말시에도 그들의 중간에도— 에 관여하지 않고 교회 경험 중에 실현될 어떤 종교 진리, 부단한 쟁투에서 대원리, 세계운영을 결정하는 도덕적인 힘, 하나님의 확실한 의의 보증, 선과 악과의 사이에 결발하는 투쟁이 제1세기의 언사로 노출되고 모든 시대에 대하여 무한한 적용이 가능한 것, 악에 대한 선의 궁극적 우위에 관한 고도에 상징적인 어법을 사용한 회화적 표현이다. (할레이저 op. cit. p. 614) 라고 주장하는 설이다.

그리고 Clement of Alexandria, Origen, Augustine이 착안한 해석법으로서 문자 그대로 해석함에 있어서 위험성을 느끼고 영적인 해석을 주장하였는데 그 주장 내용은 모든 상징은 개인의 영적 생활에 충실을 위한 것으로 해석하며, 모든 상징은 인류역사를 지배하는 원칙으로 해석한다. 그러므로 교회를 대적하는 모든 세력이 멸망하고 하나님의 주권이 현세에서 승리하여 우리의 영적 생활에 만족을 얻을 수 있는 것이다. (전경연 외 3명 op.cit.p.357)

5. 문화적 해석법 (Literary Interpretation)

이 묵시문학은 하나의 통일체로서 문학적 가치가 풍부하다. 그 표현법에 있어서 대조와 반복과 크라이막스가 잘 구성되어 있다. 인류 역사를 일대 신비극적인 문학으로 서술한 것이다. 본서를 오막으로 구성한 것도 다른 문학과 유사한 점이 있다. 표현에 있어서는 헬라 문학이나 그 구조에 있어서 유대적이다. 모세오경, 5권의 성문록, 마카비서의 5권, 에녹서 5권과 같은 구조를 갖고 있다. 그 내용을 문학적으로 구분하면 다음과 같다.
서사 1:1-20. 서막 4:1-5:14 천상의 노래, 제1막 6:1-17 7인봉의 난, 제2막 8:1-14:20 7나팔의 난, 제3막 14:21-18:24 7대접의 난, 제4막 19:1-20:3 그리스도의 승리, 제5막 21:1-22:5 신천신지. 결사 22:1-22:5.

6. 교회 학파설 (The Historical of Continuous System)

계시록의 내용이 교회사에 나타나는 역사적 사건들(교회와 접촉있는)에 대한 상징들이라고 한다. 그러나 일리는 있으나 모든 계시록의 내용이 교회 사건으로만 다루어졌다고 하기는 어렵기 때문에 빈약한 것이다.

필자의 견해로는 모든 해석법의 극단을 피해야 한다는 것이다. 만일 학설들을 준용한다고 하면, 과거적 해석에 있어서는 전체를 과거로 보지 않고, 과거의 부분만 과거로 해석하며, 미래적 해석에 있어서는 재림의 날짜를 계산하지 말고, 미래적인 부분만 미래적 의미로 해석하며, 계시록의 역사적 의미가 있으나, 구체적인 역사에 관하여 예를 들면

제1의 인봉 : 로마 제국에서의 번영시대 주후100~200
제2-4의 인봉 : 로마 제국 내에서 재액 200년~300년
제5의 인봉 : 박해시대
제6의 인봉 : 혁명 로마제국의 기독교화 313~400
제1-4의 나팔 : 로마제국의 멸망 400~476
제5의 날팔 : 모하멧 흥기 637~786
제6의 나팔 : 터어키 세력의 흥기 1057~1453
펴놓인 작은 서권 : 성경의 열린 시대 1500년
측량되는 성소 : 종교개혁의 시대 1500년
2인의 증인 : 교회와 성경 1500년
짐승 : 로마 교황제의 옷을 입은 세계적 세력 600~1800
거짓선지자 : 세력을 가진 배교적 교회 600~1800
바벨론 : 교황제의 로마 600~1800
제1-5의 대접 : 로마 교황적 권력을 파하는 심판 1600~1900
제6의 대접 이후 : 장래(할레이저 op.cit.p.615)

이와 같은 적용이 구체화 되는데 이러한 주장도 경계해야 할 것이며, 계시록이 영의 말씀인한 영적 해석이 불가피 하지만, 역사성인 실제성을 부인하여 영해를 하는 것은 경계해야 할 것이며, 문학적인 평가의 가치가 없는 것은 아니지만, 하나님께서 문학 작품을 위해 우리게 준 것이라고는 생각지 않는다.

다만 인간들이 하나님의 말씀 이해를 위한 인위적 분류를 다루고 있는데, 너무 지나친 인간적 기교에 빠지지 말 것이며, 문자적 해석에서

문학적 해석에 응용되어야 할 것이라고 믿는다. 또한 교회 학파설 같이 전적으로 교회 사건으로만 보지 말고, 인간 전 역사에 관한 것임을 묵과해서는 안 된다.

필자의 견해로는 문자적 해석과 역사적 해석과 영적 해석 즉 상징, 우화, 비유, 예언, 시 등의 종합적인 해석의 원리를 동원하여야 하며, 하나님의 의지에 대한 인식의 중심적으로 해석해야 한다고 본다. 그리고 계시록은 성경의 마지막 하나님 말씀인고로 성도들 즉 초대 교회에서부터 인류의 종말까지 성도들에게 주신 복음임을 믿으며, 시대를 초월한 계시적인 의미가 있다고 믿는다.

그러므로 일차적으로 모든 성도들은 초월적 의미로 하나님의 뜻을 받아들이고, 다음에 시대와 환경에의 조명을 확인하고, 셋째로 종말론적 의를 깨닫고 항상 대처해 나가야 할 것이다.
끝으로 계시록의 모든 교훈은 성경전서의 모든 예언의 종결이며, 성취임을 명심하여 계시록 외의 성경 교훈에 모순 없게 해석해야 할 것이라고 믿는다.

한 가지 권면하고 싶은 것은 계시록의 기록 당시에는 현대적 문장 형식의 분류 같은 것은 없었으며, 그것을 만족시키려 한 것이 아님을 인식하고, 그 당시 성도들의 영적 상태와 말씀이해의 상태에 따른 하나님의 주권적인 섭리였음을 깨닫고, 현대인의 문학 작품을 쓰는 것 같은 인위적 견해나 말을 해서는 안 된다는 점이다.
그리고 하나님이 택하셔서 계시록을 기록한 요한보다 해석자 자신이 더 지혜로운 척 하는 어리석음을 버려야 한다는 점을 명심해야 한다.

VIII. 요한계시록의 중요한 교리

계시록에는 방대한 하나님의 뜻이 내재함으로 계시록을 기록할 때 요한의 기본 신앙에서 신관이나 그리스도관이나 종말에 대한 지식과 내세관이나 심판관에 관하여 별도 연구를 통하여 계시록 저자의 신앙에 접근함으로 계시록 이해에 유익할 것이다.

1. 신 관

계시록에 나타난 하나님에 관하여는 다른 성경의 하나님에 관한 표현과는 차이가 있는데, 그것은 계시록 성경의 특성에서 오는 것과 종말론적 하나님의 사역에서 오는 것이라 믿는다. 그러면 계시록에 나타난 하나님은 어떠하신 분이신가?

① 하나님과 사랑 : 요 3:16, 요일 4:8, 16 등 많은 곳에 하나님은 사랑이시나, 계시록의 하나님은 사랑의 표현이 전혀 없고, 의에 하나님으로만 나타나는 것이다.

본서에 '사랑'이란 용어가 6회 사용되었으나 2:4, 19, 3:19, 1:5, 3:9 등은 예수님과 사랑 관계가 되어 있으며, 성부 하나님과 관계된 것으로 추축할 수 있는 곳은 계 20:9 한 곳 뿐인 것으로 보아, 죄악의 관영과 의의 하나님으로 나타나시고, 사랑의 하나님으로는 나타나지 않으셨다.

② 하나님과 아버지 : 계시록에서는 다른 성경에서 그의 구속받은 자녀들과 하나님과의 관계가 아버지로 나타나셨으나, 본서에는 아버지로 나타나지 않고 있다. 아버지란 용어가 1:6, 2:27, 3:5, 21, 14:1에만 나타났으나, 모두 예수님과 하나님과의 관계임이 특징이다.

③ 영원하신 분 (1:4, 4:8, 11:17, 16:5, 4:9, 10:6, 15:17)

④ 전능하신 자 (4:8, 11:17, 15:3, 4:19, 21:22)

⑤ 창조주 되심 (4:11, 14:7, 15:3, 21:5, 20:11)

⑥ 죽은 자의 심판자 (20:11-15)

2. 기독론

계시록에 나타나신 우리 구주 예수님에 관하여 확인하자.

① 예수님이 9회 나타나셨으며 예수 그리스도 3회(1:1, 2:5)나 나타남으로 시작과 끝을 맺고 있다.(1:1, 22:20~20)

② '인자'에 대하여(1:13, 14:14), 마 12:40은 땅에서 나오시고 단 7:13, 막 13:26, 14:62, 계 1:13, 14:14은 구름을 타고 하늘에서 오시는데 계시록은 교회 사이에 계시는 인자로 나타나있다.

③ 계시록은 그리스도께서 하나님의 아들(2:8)로서 하나님의 절대권한을 가진 분이다. (1:6, 2:27, 3:2, 5:12, 21:1, 14장)

④ 하나님의 어린양으로 나타나심 5:6, 7, 8, 12, 13, 6:1, 16, 7:9, 10, 14, 17, 12:11, 13:8, 14:1, 4, 10, 15:3, 17:14, 14, 19:7, 9, 21:9, 14, 22, 23, 27, 22:13 등 29회나 나타나는데 요한복음에는 어린양(요 1:29, 36)은 $\dot{\alpha}\mu\nu\acute{o}$"로서 희생제물이 되시는 어린양이시고, 계시록의 어린양은 $\dot{\alpha}\rho\nu\acute{\iota}o\nu$으로서 군대의 지도자나 정복자로서 뜻으로 정복자이신 어린양은 자신의 생명을 대속물로 희생하시는 어린양이시다.

3. 종말론

예수님께서 언제 재림하시며, 세상의 종말은 언제인가에 관한 연구는 대단히 어렵고, 그에 관한 학설도 많음으로 이해하기가 어려운 점이 많다.

일반적으로 재림론을 논할 때, 예수님의 다시 오심과 1000년 왕국과의 관계에 있어서 예수님의 재림 이전에 천년왕국이냐, 천년왕국 이전에 예수님의 재림이 이루어지느냐, 7년 대환란과 예수님의 재림에 있어서 환란통과 천년왕국전 재림이냐, 환난전 재림이냐, 후3년 반인 막간설이냐 하는 등 다양한 설이 있다.

그러나 일반적으로 예수님의 다시 오심은 1000년 왕국 후에 온다는 설을 후천년설(post millennialism)이라고 하며, 예수님의 재림이 천년왕국 앞에 온다는 설을 전천년설 (premillennialism)이라 하며, 천년왕국을 고려하지 않고, 이비 지나갔다고 생각하는 설이 무천년설이라고 한다. (Amillennialism, Antillennialism)

1) 후천년설(post millennialism)

예수님께서 천년왕국이 지난 후에 재림한다는 설로서, 천년시대는 현대 교회시대라고 주장하나, 언제부터 천년왕국이 되느냐에 관하여는 일정치 않다.

"어떤 사람은 종교개혁 시대부터(1833) 라고 하며 어떤 사람은 1650년부터라고 하며 또 어떤 사람은 장차올 어떤 교회의 황금시대라고 한다. 어쨌든 천년시대는 이 현세대에 속한 것이다.

이렇게 생각하는 사람들을 대개 보수파에 속하는 무디 성경학원과 웨스트민스터신학교장 메첸파이다.

그런데 이 사상을 처음 받은 사람이 한국에서는 길선주 목사다. 그는 1869년 안주에서 나서 평양에 오래 살았다. 기독교인이 된 후 계시록을 만 번 통독하였다는 것으로 유명하다. 그는 불행하게도 30세에 실명하고, 계시록에 대한 명상과 해석에 전력하였다, 그는 말하기를 한국교회가 불원 천년왕국에 들어갈 것을 예언하였으며, 그의 말년에 말하기를 평양성이 망할 날이 올터인데, 그 때에 주 재림이라고 하였다.

그리고 그의 유서에 '불입평'의 석자를 썼다고 한다, 그의 추종자인 김인서 씨는 길목사의 주장을 그대로 믿고 주 재림의 일자를 몇 번이고 예언했다가 실패한 사실이 있다."(김철손 저 '계시록강해' 초판(서

울.1960) 기독교대한감리회 총리원 교육국 p.80)

이와 같이 주장하는 천년 후에 예수님이 재림하신다는 설은 아래와 같이 몇 가지 문제점이 있다.

첫째 : 천년이 언제부터인가 불확실하다.

둘째 : 현재 교회가 천년 시대에 들어와 있다고 하지만 천년왕국 이전에 1차 부활 사건이 있어야 하는데 그런 사건이 일어난 근거가 없기 때문에 불확실하다.

셋째 : 1000년 왕국 전에 사단을 잡아 1000년 동안 무저갱에 감금시키도록(20:1-3) 되어있으나 그런 사실이 없다는 점이다.

넷째 : 예수님의 재림의 시기의 예언들이 맞지 않았을 뿐만 아니라 거짓말이 되고 있다.

2) 무천년설

이 설은 예수님의 재림은 천년왕국과 아무 상관없이 재림한다는 설이다. 이 설을 주장하는 자들은 하루를 1년으로 환산하여 1000년을 날자로 하여 36만 일이므로 하루를 1년으로 계산하면 36만년이 됨으로 1000년이란 무의미한 것이라 하여 1000년 설을 부인하는 설이다.

이 설은 안식교가 주장하며 여호와의 증인의 주장으로서 1914년에 재림한 것을 1918년에 깨달았다고 주장한다.

이 학설은 문자적 1000년 설을 부인하고 우화적 또는 영적으로 해석하는데 이 설을 지지하는 자들은 Origen, Augustine, Buis, A.Kuyer, Lenski 등이다.

3) 전천년설

본설은 예수님의 재림이 천년왕국 이전에 있으며, 천년왕국은 예수님의 재림 후에 있을 것이라는 설로서, 문자적 해석과 미래적 해석을 겸하여 주장하는 재림론이다.

이 주장의 내용은 먼저 간 영혼이 주님과 같이 공중에 재강림 할 때에 땅에 있는 육체들이 장사지냄을 받은 곳에서 주님의 능력으로 변화를 받아 일어나는 부활을 하고 살아남은 성도들은 변화를 받아 왕 노릇한다.(살전 4:16-17, 고전 15:51-52, 마24:, 단 9:24-27, 렘 20:7, 계 19:17, 고후 5:10)

좀 더 구체적으로 말하면 성도들은 환난을 당하지 않고 어린양(19:7) 혼인 잔치에 참여하되, 공중에서 대기하고 환란이 끝난 때, 마귀를 무저갱에 가두고 무죄시대인 천년왕국이 시작되는데, 지상에 심판에 죽지 않고 살아남은 자들이 백성이 되어 에덴동산의 회복 세계에서 번식과 장수의 축복을 받아 살며 천년이 찬 후에 그간 출생한 자들을 시련을 위하여 사탄을 잠깐 놓아 곡과 마곡의 전쟁을 일으키게 한 후에 주님이 다시 오셔서 악인을 심판한다는 설이다. 그러나 위 설에서 몇 가지 교정할 것이 있는데

첫째는 '재림'이라는 용어를 '공중 재림' '지상 재림'등의 용어로 사용하는데 공중은 초림한 역사가 없고 지상 초림의 역사가 있음으로 상대적 개념으로 재림이라고 하지만 공중 초림은 없었기 때문에 공중은 임재라는 말을 사용함이 옳다고 보는 것이다.

둘째는 이 학설은 복음이 아니라는 사실을 상기하고 전천년설을 위하여 성경을 참고하는 일이 목자들에게 있어서는 안 된다는 점이다.

　셋째로 전천년설에는 공중 임재를 부인하며 '재림'을 1차 초림과 2차 재림을 주장하는 설이 '영원한 복음'이란(한에녹 저) 책에서 주장하는데 초림에 추수 심판을 하여 대환란이 있을 것이라 주장하여 공중임재를 철저히 부인하는 설도 있음으로 재림론에서 어떤 설을 지지하는가 라는 질문에 무조건 전천년설이라고 하는 대답을 경계하고 구체적으로 밝혀야 하겠다는 점이다.

　전천년설은 예수님의 재림이 천년왕국 전에 임한다는 설이지만 여기에도 성도들의 부활을 첨가하여 주장하는 경우에는 환란 무통과 전천년설과 전삼년반 통과 승천 전천년설과 성도 환란통과 전천년설 등이 있음을 기억해야 한다.

Ⅱ. 요한계시록의 내용 분해 및 주제연구

1장 예수 그리스도의 계시(장차 될 일의 계시)

> 1-3 절 요한계시록의 신적 기원(하나님께 받은 것이다.)
>
> 4-8 절 아시아 7교회에 대한 문안.
>
> 9-20 절 저자의 환경과 예수님의 현현.

1. 예수님이 교훈하신 말세의 징조 〈 주제연구 1 〉

① 롬 15:4 무엇이든지 전에 기록한 바는 우리의 교훈을 위하여 기록된 것이니 우리로 하여금 인내로 또는 성경의 안위로 소망을 가지게 함이니라

② 고전 10:11 저희에게 당한 이런 일이 거울이 되고 또한 말세를 만난 우리의 경계로 기록하였느니라

③ 롬 15:5-6 이제 인내와 안위의 하나님이 너희로 그리스도 예수를 본받아 서로 뜻이 같게 하여 주사 한 마음과 한 입으로 하나님 곧 우리 예수 그리스도의 아버지께 영광을 돌리게 하려 하노라

이미 인용된 성경의 교훈은 성도들을 위한 것으로 기록된 무엇이든지 인내로 소망을 가지게 하며, 위안으로 평안한 삶을 위하며 또한 경계로 삼게 하려 함에 있는데, 이 모든 최종적 목적은 예수님을 본받아 서로 뜻이 같게 하여서, 한 마음과 한 입으로 성부하나님께 영광을 돌리게 하려는 것이다.

그러나 성도이면 누구든지 종말론 또는 말세론은 어렵다고 생각하는 것은 한 뜻이 아니기 때문이다.

④ 마 24:3 예수께서 감람산 위에 앉으셨을 때에 제자들이 조용히 와서 가로되 우리에게 이르소서 어느 때에 이런 일이 있겠사오며 또 주의 임하심과 세상 끝에는 무슨 징조가 있사오리이까

⑤ 마 24:5 많은 사람이 내 이름으로 와서 이르되 나는 그리스도라 하여 많은 사람을 미혹케 하리라

⑥ 마 24:6 난리와 난리 소문을 듣겠으나 너희는 삼가 두려워 말라 이런 일이 있어야 하되 끝은 아직 아니니라

⑦ 마 24:7 민족이 민족을 나라가 나라를 대적하여 일어나겠고 처처에 기근과 지진이 있으리니(막 13:8)

⑧ 마 24:9 그 때에 사람들이 너희를 환난에 넘겨주겠으며 너희를 죽이리니 너희가 내 이름을 위하여 모든 민족에게 미움을 받으리라

⑨ 마 24:10 그 때에 많은 사람이 시험에 빠져 서로 잡아 주고 서로 미워하겠으며

⑩ 마 24:11 거짓 선지자가 많이 일어나 많은 사람을 미혹케 하겠으며

⑪ 마 24:12 불법이 성하므로 많은 사람의 사랑이 식어지리라

⑫ 마 24:14 이 천국 복음이 모든 민족에게 증거되기 위하여 온 세상에 전파되리니 그제야 끝이 오리라

이상은 인류의 역사의 종말을 섭리하시는 예수님의 예언의 말씀 중 일부분이다 이제부터 구체적으로 연구하기로 하자.

1) 전쟁과 전쟁의 소문과 말세 징조

인류 역사는 싸움의 역사임을 성경을 통하여 인식할 수 있으나 예수님께서 말세의 징조에 대한 제자들의 질문에서 대답하신 말씀 가운데

전쟁에 대한 징조가 있을 것으로 말씀하시면서 전쟁에 대하여 예언 하시였으므로 이것이 말세의 징조 중에 하나이다.

① 마 24:6 난리와 난리 소문을 듣겠으나 너희는 삼가 두려워 말라 이런 일이 있어야 하되 끝은 아직 아니니라

② 마 24:7 민족이 민족을 나라가 나라를 대적하여 일어나겠고 처처에 기근과 지진이 있으리니(막 13:8)

③ 욜 3:9~10 너희는 열국에 이렇게 광포할찌어다 너희는 전쟁을 준비하고 용사를 격려하고 무사로 다 가까이 나아와서 올라 오게 할찌어다 너희는 보습을 쳐서 칼을 만들찌어다 낫을 쳐서 창을 만들찌어다 약한 자도 이르기를 나는 강하다 할찌어다.

이상과 같이 인류 종말의 시대에 있을 전쟁에 대한 예언은 지금부터 2000년 전이다.

말했듯이 인류 역사는 전쟁의 역사 인데 '영국, 이집트, 독일, 인도의 역사가와 협력에 의하여 노르웨이 과학협회의 전 회장은 이와 같은 계산을 했다. 주전 3600년 이래 14.531회 이상 전쟁이 있었고 그것에 의해서 36억 4000만이나 죽었다. 이 숫자는 미합중국의 전 인구의 17배 이상에 상당한다. 또 파괴당한 재산의 가치는 폭 145km 두께 10cm의 지구를 일주할 황금벨트에 상당한다.' 라고 기술했으나 그 이상이라고 추측하는 것도 과오가 되지 않을 것이다. 많은 저술들이 전쟁에 관하여 계속 기술하며 성경을 입증하려고 노력하고 있다.

물론 인류 역사상 전쟁은 항상 계속 되어 왔다. 그러나 현재의 전쟁은 그 속도와 심각성에 있어서 급속하게 증가되고 있는 실정이다. 20세기만 해도 200건 이상의 무력 충돌이 일어났다.

소규모 전쟁도 있었다. 러일전쟁(1904-05), 발칸전쟁(1912-13), 스페인 내란(1937-39), 콜롬비아 내란(1948-53), 한국동란(1950-53), 베트남 전쟁(1963-73), 레바논 내란(1978-82), 이란 이라크 전쟁과 아프가니스탄 사태(1973-), 그리고 포크랜드 전쟁과 레바논 전쟁(1982) 등 이 전쟁들을 통하여 250만명 이상의 군인과 100만명 가량의 민간인이 사망했다.

또한 2회에 걸친 대규모 세계대전이 1914-18 그리고 1939-45년 사이에 발발하여 각각 1천만명과 5천 1백만명 정도가 죽음을 당했다 이 통계가 정확하냐 하는 문제 이전에 더 많을 것이라는 무리 없는 추측이 가능하다.

그러면 전 세계는 얼마나 전쟁을 위하여 투자 하였는가?

캐나다의 복음의 교제(Evangelical Fellowship)의 우리시대의 이해(Understanding Our Times) 1987년 봄 호는 국제 연합이 세계 평화의 해로 지정한 1986년에 세계에 나라들은 1조2천억불 매초당 230만불을 무기에 투자 했다고 지적했다.

이상의 증거들이 있을지라도 현대에 사는 성도들이라면 놀랄 일도 아니며 이제는 전쟁에 관한한 무관심 상태에 놓일 정도로 전쟁 소문에 익숙해져 있다.

이러한 상태는 예수님의 예언의 성취이며 끝이 아닌 것이지만 재난의 시작과 관계 있으므로 성도들은 명심해야 한다.

2) 처처에 기근과 말세의 징조

인류 역사이래 기근은 어느 시대에나 있었다. 그런 증거는 창 12:10 등등 많은 부분에 기록되어 있다. 이 기근은 인간이 행한 죄악의 응보이지만 또한 죄악의 응보로서 말세의 징조를 나타낸다.

① 겔 14:13 인자야 가령 어느 나라가 불법하여 내게 범죄하므로 내가 손을 그 위에 펴서 그 의뢰 하는 양식을 끊어 기근을 내려서 사람과 짐승을 그 나라에서 끊는다 하자.

② 마 24:7-8 …처처에 기근과…이 모든 것이 재난의 시작이니라(눅21:11)

③ 렘 11:22 그러므로 만군의 여호와가 이같이 말하노라 보라 내가 그들을 벌하리니 청년들은 칼에 죽으며 자녀들은 기근에 죽고

이상과 같이 몇 성경구절을 인용하였으나 기근 용어가 82회중 4회는 신약에 78회는 구약에 사용되었는데, 이 현상은 당하는 자들의 범죄와 관계 되어 있고 하나님의 심판과 관계되어 있다.
그런데 이 기근이 종말의 징조로 에언되었으므로 기근에 대한 현실을 확인하기로 하자.

"농민들의 먹기 위한 투쟁은 관심 이상의 가치가 있다(유엔 식량회의 1979.7.13), 이전보다 더욱 배고프게 된다 (1979.8.15), 브라질을 괴롭히는 기아(1979.8.30.), 식량 부존을 극복하지 못하면 재난이 온다. 유엔 언급(1979.11.19), 식량 무기가 되다(1980.1.21), 인도 북부의 기아 만연(1980.3), 유엔과 식량 위기(1980.9.17), 지금 어떤 일을 해도 수백만이 죽는다(세게 식량회의 운영 위원장 모리스 윌리암스 1980.12), 굶주리는 수백만 원조 무용(1984.10.31), 기아 공포 단지 시작인가? (1984.11.18), 곡식을 기다리는 굶주림(1984.11.26), 이디오피아 죽음의 땅(1984.11.26), 20세기의 최악의 기아가 현재 아프리카에 진행 중(1985.1)"이라는 기사들의 제목과 같이 기근이 심한 것이 사실이다.
성경의 기근은 '처처'라고 표현하는데 이것은 (κατα τόπο"카타 토푸

스)로서 '카타'는 기본 불변 전치사로서 시간과 장소에 다양한 용법으로서 '~에 대하여, ~에 관하여, 반하여, 비례하여, ~의 분량대로, 잇달아. 차례대로'의 의미이며 '토포스'는 '지점, 장소, 조건, 기회, 연안, 평야, 지역, 바위, 어디',등의 용어와 결합된 우리말 번역인데 언어의 의미를 연관시키면 '잇달아 차례대로 어떤 기회나 조건에 따라 연안이나 평야나 산악이나 분량대로 기근이 있을 것'이라는 예언이다. 여기의 기근은 (λιμό" 리모스)로서 '식량이 거의 없음, 부족, 기근, 배고픔, 굶주림, 기아, 곡식이 부족함' 등의 뜻으로 기본 생명 유지에 필요한 식량의 절대 결핍을 의미한다. 그 원인은 죄악과 관계 있으나 이러한 결과는 재난의 시작이며 인류 역사의 종말의 징조인 것인데 현재도 무루 익어가고 있음은 놀라운 것이다. 식량 징조로 볼 때 재난의 시작이 분명하다.

3) 온역과 말세의 징조

질병도 인류 역사 이래 계속되는 것이나 그 원인은 의나 선의결과가 아니다. 이에 대하여 성경은 24회나 온역을 기록하고 있는데 출 30:12 등은 죄악과 하나님의 공의의 심판과 관계되고 이 온역은 항상 기근과 관계되어 있는 것이 구약성경의 교훈이며 아울러 전쟁과도 관계가 있음을 명심해야 한다.

① 눅 21:11 처처에 큰 지진과 기근과 온역이 있겠고 또 무서운 일과 하늘로서 큰 징조들이 있으리라

말세의 징조 가운데 '온역'이 포함 되었는데, 이 온역은 (λοιμό" 로이모스)로서 본문은 주격 남성 복수명사로서 '유행병, 악질, 질병, 흑사병, 악한 전염병'이며 이 질병도 죄악의 질과 양에 관계된 것으로서 하나님의 형벌에 속한 결과인 것이므로 온역인 악한 질병이 유행하는 것

즉 처처에 잇달아 계속 번져나가게 되는 것으로 말세의 징조인 것이다.
  그러면 현대는 말세의 징조가 될 만한 어떤 징조들이 있는가? 우리는
어떠한 질병의 위험성이 있는가에 대하여 아래 인용에 관심을 기울이자.

  ② 신 28:60-61 여호와께서 네가 두려워하던 애굽의 모든 질병을 네
게로 가져다가 네 몸에 들어붓게 하실 것이며 또 이 율법 책에 기록되
지 아니한 모든 질병과 모든 재앙을 너의 멸망하기까지 여호와께서 네
게 내리실 것이니
  ③ 신 28:62 너희가 하늘에 별같이 많을지라도 네 하나님 여호와
의 말씀을 순종치 아니하므로 남는 자가 얼마 되지 못할 것이라(이
유:28:63.58)

  성경에 기록되지 아니한 모든 질병이 불순종의 죄악으로 인하여 내려
지게 되도록 예언 되었는데 이 죄의 응보가 바로 연구하는 말세의 징조
인 것이므로 현질적으로 가능성 있는 질병의 위험은 어떠한가 확인하자.

  "1979년 9월 30일자 퍼레이드지 기사는 슈퍼버그(석유를 대량으로 먹
는 박테리아) 성경의 새로운 재앙(전염병)인가? 라는 표제 하에 곤충에
의한 전염병이 주요 문제라고 시사하였다. 이 기사는 이 박테리아를 파
괴 또는 억제하기 위해 개발된 독에 저항성이 생긴 364종의 슈퍼버그
를 설명하면서 이 충격적인 세계의 곤충 떼는 인간과의 끊임없는 싸움
을 하면서 우리의 식량과 석유 공급을 위협하고 수백만의 죽음과 질병
과 불안을 이야기하는데 특히 아시아, 아프리카, 라틴아메리카에서 심
하다고 하였다.
  인간들의 연구가 선하게 응용되는 경우는 유익하지만 그 부작용은 상
상을 초월하는 질병과 사망을 위한 무기가 되어지고 있음을 발견한다.
  앞으로 어떠한 전염병이 발생할 것인지는 누구도 알 수 없으나 인간

의 상상을 초월한 질병이 나타날 것이 분명하다. 그것은 성경은 애굽의 모든 질병, 성경에 기록되지 아니한 모든 질병을 죄악에 대한 형벌로 부으시겠다고 하셨기 때문이다. 그러나 현재 가공할 만한 질병이 나타나 있다.

다음은 성 행위로 전달되는 질병이 있다. 그것은 약 24종이 있는데 박테리아성, 바이러스성, 원생동물성, 균류성, 외부기생충성 등으로 분류된다. 슈로더 박사가 새로운 전염병에 발표한 것에 의하면 이들 성에 의하여 전파되는 질병들 가운데 20가지 이상이 치료가 불능하다. 가장 잘 알려진 성 관련 질병인 바이러스성 포진이다. 이것은 치료법이 알려져 있지 않다. 타임지는 이것을 새로운 성적 천벌이라고 불렀다.

성 행위에 의해 전파되는 병과 관련하여 가장 무서운 것은 후천성 면역결핍증(에이즈)이다. 이 치명적인 불치병은 1979년 최초로 발견되었다. 에이즈는 주로 동성연애자, 상습 약물 복용자, 아이티인, 혈우병 환자에게 걸린다. 그러나 1983년 7월 디스커버지에서 '에이즈 공포의 병' 이라는 제목 하에 설명된 것 같이 일반 대중에게도 전파될 수 있다. 1983년 5월 미국 보건부는 에이즈를 1종 전염병으로 지정하였다. 전염병이나 질병은 범죄와 관계된 하나님의 형벌인 것이며 이러한 형벌적 질병은 인류 역사의 징조이며 주님의 재림 전의 징조이기도 한다. 이러한 현상으로 보아도 주님의 재림이 임박한 것을 알게 된다.

4) 지진과 말세의 징조

성경에는 지진이 20회 정도 인용되고 있다. 그 내용은 엘리야가 호렙산에서 동굴에서 아합의 아내 이세벨의 박해를 피하여 있을 때 여호와 하나님이 나타나셔서 지나가실 때에 나타난 현상이 지진이며(왕상 19:8-11), 사 29:6의 지진은 하나님이 죄인들을 징벌하시는 수단이며 하나님의 인류의 최종 멸망 시기에도 지진이 사용되었다.(계 6:12, 8:15, 11:13, 19;16, 18)

① 막 13:8...처처에 지진이 있으며 기근이 있으리니 이는 재난의 시작이니라

② 겔 38:19 내가 투기와 맹렬한 노로 말하였거니와 그날에 큰 지진이 이스라엘 땅에 일어나서

③ 계 11:13 그 시에 큰 지진이 나서 성 십분의 일이 무너지고 지진에 죽은 사람이 칠천이라

지진은 하나님의 임재나 사역에서 나타나며 죄인들을 형벌하실 때에도 나타난다. 그런데 이 지진이 인류의 종말 때에 나타나는 징조 가운데 하나이며 이 사실은 인류의 죄악과 관계되어 처처에 나타나게 된다. 여기의 처처는(κατά τόπο" 카타 토푸스)로서 대격남성 복수명사로서 계속하여 잇달아 여기저기에서 의미로서 장소와 조건에 따라 비례하여 계속을 나타낸다. 그러면 이러한 예언은 과연 어떻게 나타났는가?

이스라엘로부터의 소식지 1986년 9월호에 의하면 프랑스 스트라스버그에 있는 천문대는 수세기 동안의 지진의 횟수를 추적하여 다음과 같이 보고 하였다.

'12세기-84회, 13세기-115회, 14세기-137회, 15세기-174회, 16세기-258회, 17세기-378회, 18세기-640회, 19세기-2119회, 20세기에 발생한 지진의 횟수는 19세기의 지진 횟수를 훨씬 상회할 것이다, 대략적인 측정에 의하면 1905년부터 1975년 까지 625,700명이 지진으로 사망했다. 1976년 1월-7월 사이에 지진 피해자는 1,015,500명이었다.' 라고 기술한 내용이 정확하다고 보지 않더라도 그 횟수가 빈번하고 대형화 되고 있는 것과 그 지진이 인간의 생명과 관계되어 있다는 사실이다.

그 지진에 대하여 연구하자.

"1976년 세계 연감은 역사상 57회의 대형 지진 가운데 38회가 금세기에 있었다고 보고 하였다, 그런데 그 해에 발생한 6건의 큰 지진이 최근의 지진의 비율을 높이고 있다.

1986.8.21 카메룬 지진에 의한 화산 폭발로 수천명 사망 1987년 3월 23일자 타임지는 이것을 금세기 최고의 자연피해 중의 하나라고 불렀다. 이 지진으로 수천명의 사망지와 11만명 이상의 집을 잃은 자가 발생하였으며 이 나라에는 경제적 마비가 왔다 등의 기록들과 같이 중국 북경 당산의 100만명 사망 지진 등은 익히 아는 것이며 이 지진들은 말세의 징조로 인식할 수밖에 없는 것이다.

④ 마 24;7-8 처처에 기근과 지진이 있으리니 이 모든 것이 재난의 시작니라.

5) 무화과나무의 비유와 말세의 징조

무화과나무는 이스라엘 북부 산악지대 중에 단 지구에서 자연생들을 많이 볼 수 있으며 예루살렘 다윗 성 아래 남쪽 무화과나무 숲도 있다. 성경에 무화과로 24회, 무화과나무로 37회, 무화과 뭉치로 1회, 무화과 병(떡)으로 1회 등 63회 사용된 성경용어로서 렘 24:1, 2, 3, 5, 8 등은 바벨론 포로 때에 이스라엘 백성 중에 선한 자와 악한 자를 무화과로 비유하고 있으며, 시 105:33, 호 9:10, 욜 1:7 등은 이스라엘을 무화과나무로 비유하고 있다.

이러한 무화과나무가 예수님께서 재림하실 때와 세상의 종말과 관계하여 징조로 예시하셨기 때문에 중요하다.

무화과는 이스라엘의 상징이며

① 막 11:21 베드로가 생각이 나서 여짜오되 랍비여 보소서 저주

하신 무화과나무가 말랐나이다(눅21:29)

② 막 13:28 무화과 나무의 비유를 배우라 그 가지가 연하여 지고 잎사귀를 내면 여름이 가까운 줄을 아나니

이스라엘은 저주 되었고, 그 예언은 예수의 승천 후 지난 40여년이 A.D.70년 디도의 반란으로 예루살렘은 정복되었고, 유대인 이스라엘은 멸망당하였다. 그런데 성경은 많은 곳에 이스라엘의 멸망 후 회복이 예언되었는데,

③ 신 30:1~4 내가 네게 진술한 모든 복과 저주가 네게 임하므로 네 하나님 여호와께 쫓겨 간 모든 나라 가운데서 이 일이 마음에서 기억이 나거든 너와 네 자손이 네 하나님 여호와께로 돌아와 내가 오늘날 네게 명한 것을 온전히 따라서 마음을 다하고 성품을 다하여 여호와의 말씀을 순종하면 네 하나님 여호와께서 마음을 돌이키시고 너를 긍휼히 여기사 네 포로를 돌리시되 네 하나님 여호와께서 너를 흩으신 그 모든 백성 중에서 너를 모으시리니 너의 쫓겨 간 자들이 하늘가에 있을지라도 네 하나님 여호와께서 거기서 너를 모으실 것이며 거기서부터 너를 이끄실 것이라(5~10)

④ 시 102:13 주께서 일어나사 시온을 긍휼히 여기시리니 지금은 그를 긍휼히 여기실 때라 정한 기한이 옴이니이다.

⑤ 사 14:1 여호와께서 야곱을 긍휼히 여기시며 이스라엘을 다시 택하여 자기 고토에 두시리니 나그네 된 자가 야곱족속에게 가입되어 그들과 연합할 것이며(14:2~3)

⑥ 사 60:4 네 눈을 들어 사방을 보라 무리가 다 모여 네게로 오느니라 네 아들들은 원방에서 오겠고 네 딸들은 안기워 올 것이라

⑦ 사 60:8 저 구름같이 비둘기가 그 보금자리로 날아 오는 것 같이 날아오는 자들이 누구뇨(60:9)

이스라엘이 범죄로 인하여 전세계에 흩어진 상태에서 다시 돌아올 예언이 구약에 명시되어 있다. 그리고 주님께서 친히 비유로 말씀하신 것이 막 13:28, 마 14:32, 눅 21:29~33에 멸망된 이스라엘이 독립될 것과 번영을 누릴 것이라고 기록되어 있다.

이 사실이 1917.11.2. 영국 외상 발포어에 의하여 유대인들의 본국 재건에 관한 영국정부의 지지 입장이 선포된 이래 30년이 걸려서 1948년 5월 14일 이스라엘이 텔아비브에 수도를 두고 독립하게 되었으며, 1967년 제50년째의 해에 6월 6일 전쟁으로 1900년 만에 고토에 돌아오고, 예루살렘을 탈환하고, 요르단의 서편 지구인 가자 지구와 요단 지역이 이스라엘의 손에 들어 가므로서 남으로는 홍해에 아카바 만과 북은 레바논과 이란의 국경까지 회복하게 되었다. 그러나 예루살렘시의 성전산의 회교사원은 이스라엘 것이 아니며 앞으로 이것이 회복되고 성전봉사가 회복되며 7년간 단 9:27의 기록과 같이 언약을 맺으나 후삼년 반에 제물이 금지되며 또한 시련은 겪게 될 것이다.
어찌되었든지 이스라엘이 회복하여 광야에 꽃을 피우고 있으며 번영하고 있는 것은 바로 인류 역사의 종말의 한 징조임이 분명하다.

6) 불법이 성함과 말세의 징조

말세의 징조로서의 불법은 성경에 19회나 사용된 것으로 성경본문을 확인하기로 하자.

① 마 24;12 불법이 성하므로 많은 사람의 사랑이 식어지리라
② 요 3:4 죄를 짓는 자마다 불법을 행하나니 죄는 불법이라

인용 성경의 불법은 $\acute{\alpha}\nu o\mu\acute{\iota}\alpha$아노미아로서 '불법의, 율법에 지배되지 않는, 사악한, 율법 없이, 위법자, 비합법적인, 법 없는 자의 상태. 법

을 멸시하거나 범함, 악행' 등의 죄악을 말하며 모든 죄악을 포함하되
법 없는 무법한 범죄를 말하여 이러한 죄가 성함으로 사랑이 식어진다
라고 하고 있다

'성함으로'로는 (διά πληθύνω 디아 플레뒤노)로서 '디아'는 기본전
치사로서 '항상, 가운데, 통해서, 때문에, 이유로, 경우에 따라서'이며,
성함은 플레뒤노 로서 부정과거 대격 수동태 동사로서 '증가하다, 많아
지다. 배가되다, 자라다, 성장하다, 많게 하다'의 합성 해석이다. 그러
므로 죄악인 불법이 자라며 배가 되고 더욱 성장하여 많아지는 것이며,
죄악의 만연을 의미하며, 이것이 인류의 종말의 징조인 것이다. 성경에
불법으로 표시한 죄악들은 여러 유형이나 그 중에 마약에 의한 죄악의
번창은 가공할 만하다. 서독은 잘사는 나라로 평판이 나있으나 함부르
크시의 공안 검사인 쉬발레 씨는 자기 혼자서 1970년 한 해 동안 1200
명의 마약사범을 처리했다. 경찰 마약 단속반은 1970년 한 해 동안 86
톤의 마약이 독일에 밀반입 되었다고 말한다. 마약밀매업자들은 이 수
치를 보고 웃으며 진짜 밀반입량은 약 430톤 가량 이라고 주장한다.

헤로인중독이 막바지 단계에 이르면 중독자는 매일 500마르크 내지
1000마르크 어치 상당량의 헤로인을 필요로 한다. 젊은이치고 한 달에
15000마르크 내지 30000마르크 벌이를 하는 사람은 없으므로 따라서
어쩔 도리 없이 돈 때문에 범죄를 저지르고 만다. 헤로인 중독자 99%
가 돈을 강탈한다.

헤로인 중독자는 12년 내지 20년간은 그 독성에 시달리다가 끝내는
처참한 죽음을 겪는다. 미국의 어느 대도시건 간에 전독일의 중독자 수
효를 합친 총 계층보다 훨씬 많은 마약 중독자들이 있다. 뉴욕 한곳만
해도 20만명의 마약중독자가 있다고 한다. L.A와 시애틀에는 구성 백

분비가 훨씬 높다. 우리는 마약 중독의 홍수 상태를 짚고 넘어 가야만 한다.

이것이 불법이며 불법의 온상이 되는 마약에 관한 범죄로서, 주전에 한국에도 1500억원 어치의 2톤 정도의 마약사건이 폭로되었으며, 1989.10.3 에는 70억원 어치의 마약이 밀수되었다고 신문에 보도되었다. 이것은 불법이 성하므로 사랑이 식어진다는 주님의 예언의 정확한 성취이다.

그리고 두 번째 세계를 멸망시킬 불법은 성적 범죄와 관계된다. 이 죄악은 창세기 19:5에 '그들과 상관하리라'에서 나타난 대로 이 말은 야다 ($\check{\delta}\psi\cdot$)로서 알다. '관찰하다. 인정하다. 부지중에 범 하다'는 용어로서 이것은 창 13:13, 18:20, 사 3:9, 렘 23:14, 겔 16:49를 포함한 죄악으로서 신약에는

③ 유 1:7   소돔과 고모라와 그 이웃 도시들도 저희와 같은 모양으로 간음을 행하며 다른 색을 따라 가다가 영원한 불의 형벌을 받음으로 거울이 되었느니라. 라고한 분명한 죄악이 포함된 것이다. 그러면 유다서에 나타난 집약된 죄악은 첫째 간음 ($\acute{\epsilon}\kappa\pi\text{о}\rho\nu\epsilon\acute{\upsilon}\omega$ 엑크 포류뉴오)는 '행실이 나쁘게 되다, 음란에 빠지다'는 뜻으로 비정상적인 윤리적 불법이며, 다른 색은 ($\acute{\epsilon}\tau\epsilon\rho o$" 헤테라스)는 변형된 의미이며, 다른 ($\sigma\acute{\alpha}\rho\xi$ 사르크스)는 인간성 또는 육체 몸 동물의 고기 등의 의미로 비정상적인 이성관계로 동성연애에 관계된 의미로 해석된다. 1977년 12월 6일자 뉴스위크지에서 인용한 것이다.

미국정신의학연합회는 동성애를 정신병 목록에서 제외시켰고 18개 주에서는 상호 승락하는 성인들 사이의 성적 행위에 대하여는 모든 제한은 철회하기에 이르렀다. 따라서 지금은 남색을 금하는 율법이 다른 어

느 곳에서도 지켜지고 있지 않다. 샌프란시스코 전인구 680000명중 120000명으로 추산되는 사람들이 동성애를 하는 자들이다.

또한 미국에는 동성연애교회가 생겼고 대단히 번창한다는 기록이 있다. 이러한 범죄는 애 4:6, 암 4;11, 눅 17:20, 벧후 2:6 등에 증거된 대로 심판을 받게되며 이 역사적 사실은 우리에게 거울이 되었다고(유 1:7) 증거하고 있다.

또한 인류의 종말적 범죄는 노아의 때와 같은 이혼의 죄에 대하여 확인하자. (마 24:37~38)

노아 당시의 장가들고 시집가던 것은 정상적인 축복된 것이 아니라 패괴한 범죄로서(창 6:11~12)(수'ˇ 솨하트)는 '부패하다, 버리다, 그르치다' 로서 불법한 행위와 관계된 것으로서 가정을 파괴하고 아내를 버리거나 방치하여 시집가는 것으로 이혼과 관계된 죄악이다. 이러한 현상은 세상의 종말이며 예수님의 재림 시대에의 징조로 예언되었다. 지금은 어떠한가?

기독교 국가로 자처하는 미국은 어떤지 확인하자

"1975년 1월 16일자 워싱턴발 연합통신에 따르면 미국인의 이혼수가 1975년 한해에 백만을 넘었으며, 이것은 나라의 역사상 처음이라고 지난 목요일 정부가 발표했다. 지난 1976년 제1사분기 미국의 이혼 발생수는 결혼 숫자보다 훨씬 증가하였다. 캐나다 정부의 보고는 지난 8년간에 걸쳐서 300%의 이혼증가를 보였다고 기록하고 있다. 스웨덴은 이혼 발생수에 있어서 세계 최고를 차지하고 있다. 북미 유대인들의 이혼율도 지난 1970년대에 10중 결혼수 거의 4라는 비율로 증가하였다" 한국은 예외가 될 수 있을까? 그럴 수 없다. 전세계의 번영의 때에 가장 심각한 멸망의 범죄를 음행죄인 것인데 지금이 바로 예언의 성취인 때인 것이 분명하다. 불법이 성함으로 사랑이 식어지리라는 예언이 성취되고 있지 않는가?

　더욱이 예배 후에 열쇠던지기 놀이를 하고 열쇠를 잡는 기혼부부들이 그날 저녁 동침한다는 북아메리카 지방 교회의 악폐는 교회가 망할 징조를 나타내고 있다.

　종말이라는 것은 모든 불법의 최고 절정에 달한 것을 표현하는 다른 말이다. 이러한 징조들은 많은 도서들이 증거하며 성경에 나타나 있으므로 계속 연구가 필요하다. 더욱이 거짓 영에 의한 거짓 선지자들의 다량 발생, 재림 예수의 땅에 나타남 등 갖가지 징조는 이제는 상식에 속한 재림 징조들인 것이다.

2장 – 3장 7 교회에 보낸 사랑의 복음

2:1-7	에베소 교회에 보낸 복음.
2:8-11	서머나 교회에 보낸 복음.
2:12-17	버가모 교회에 보낸 복음.
2:18-29	두아디라 교회에 보낸 복음.
3:1-6	사데 교회에 보낸 복음.
3:7-13	빌라델비아 교회에 보낸 복음.
3:14-22	라오디게아 교회에 보낸 복음.

2. 교회에 주시는 예수님의 교훈 〈 주제연구 2 〉

1) 주님이 칭찬하는 교회의 갖추어야 할 조건

아시아 7교회가 종말론적 시대 교회로 조명될 때 그 칭찬 받은 것은 오늘의 교회들이 반드시 구비해야 할 조건이며, 말세의 교회들이 주님에게 칭찬을 들을 수 있는 조건이다.

① 에베소 교회 (계 2:2~3) 행위와 수고와 인내, 악한 자들을 용납하지 아니함, 자칭 사도라 하는 자들을 시험하여 거짓을 드러냄, 참고 예수님의 이름을 위하여 부지런한 행위, 이단 니골라 당을 미워함.

② 서머나 교회 (계 2:9~10) 외형은 가난하나 부요하며 장차 받을 고난을 두려워 말 것, 죽도록 충성할 것.

③ 버가모 교회 (계 2:13) 사단의 위가 있는 곳에서 순교 시에도 믿음을 저버리지 아니함.

④ 두아디라 교회 (계 2:19) 영적사업, 사랑, 믿음, 섬김, 인내와

계속 성장하는 행위. 이런 것을 주님 오실 때까지 굳게 잡을 것

　⑤ 사데 교회 (계 3:4) 흰 옷을 입고 주님과 동행하는 몇 사람과 합당한 생활.

　⑥ 빌라델비아 교회 (계 3:8~11) 적은 능력으로도 주님의 말씀을 지킴, 말씀을 배반치 아니함, 인내의 말씀을 지킴, 가진 것을 굳게 잡을 것.

　⑦ 라오디게아 교회 (계 3:19) 열심을 내고 회개하고 차든지 더웁든지 할 것.

　이상의 내용은 주님이 원하시는 말세 교회가 구비해야 할 조건이다.

2) 7 교회들이 책망 받은 교훈

　7교회가 책망 받은 것은 말세의 징조이므로 이러한 요소들을 교회들마다 시정하여 만족시키면 교회다움을 회복하고 주님을 만나게 될 것이다.

　① 에베소 교회의 책망 (계 2:5) – 처음 사랑을 버림, 처음 행위를 회복하라

　② 서머나 교회의 책망 – 없음.

　③ 버가모 교회의 책망 (계 2:14~16) – 이단자 발람의 상징인 니골라 당의 가르침을 지킴, 우상 제물을 먹음, 회개치 아니함.

　④ 두아디라 교회의 책망 (계 2:20~22) – 자칭 거짓 예언자 이세벨을 용납, 교회에서 이단적 교훈으로 음행을 조장, 사명자들이 이단에 빠짐, 우상 제물을 먹게 함.

　⑤ 사데 교회의 책망 (계 3:1~3) – 살았다 하나 죽은 상태, 행위의 온전한 것을 찾지 못함, 회개치 아니함.

　⑥ 빌라델비아 교회의 책망 – 없음.

⑦ 라오디게아 교회의 책망 (계 3:15~19) – 차지도 않고 더웁지도 않음, 부자이며, 부요하여 부족함이 없다고 물질주의적 자랑과 교만, 가련한 것과 벌거벗은 것을 알지 못하고, 영적인 눈이 멀음, 열심을 내지도 않음, 회개치도 않음.

위의 사항은 교회로 부패케 하는 마지막 때의 멸망할 증거이므로 단호히 시정되고, 설교(교육) 내용 중에 구비해야 할 조건임을 명심해야 한다. 특히 에베소 교회, 버가모 교회, 두아디라 교회, 빌라델비아 교회 등은 이단이 침투되어 있었다. 그러는 중에 두아디라 교회는 이세벨 이단의 교훈에 사명자들이 많이 미혹되어 있음을 명심해야 한다. 교회의 부패는 세상 종말이라는 역사적인 교훈을 깊이 생각하면서 또한 함부로 판단하고 정죄하는 일이 없도록 해야 한다.

4장 영광의 보좌와 제합창

1-11절 : 영계의 영광을 요한이 성령의 감동으로 보는 사건이다.

5장 7인봉 책과 어린양

(안팎으로 쓰인 일곱 인으로 봉한 책과 연관된 영계의 보좌 사건)

1-4절 성부 하나님의 오른손에 7인봉 책.
5-14절 어린양의 인봉 책 인수와 영광의 찬양과 경배.

6장 6인 개봉 사건(주님의 사역)

 1-2절 첫째 인 흰 말 탄 자가 활을 가졌고 면류관을 받고 이기고
또 이기려고 함
 3-4절 둘째 인 붉은 말 탄 자가 허락을 받아 땅에서 화평을
제하며 서로 죽이게 하고 또 큰 칼을 받음.
5-6절 셋째 인 검은 말 탄 자가 저울을 가짐. 한 데나리온에 밀
한 되요 보리 석되로다. 하고 감람유와 포도주는 해치 말라 함.
* 검은 말 슥 6:2, 6 첫째 병거는 홍마들이, 둘째 병거는 흑마들이
/ 흑마는 북편 땅으로 나가매 백마가 그 뒤를 따르고 어룽진 말은
남편 땅으로 나가고,
* 감람유와 포도주 주의 백성과 관계됨.(슥 4:12, 14, 요 2:20,
27, 막 14:23-25, 요 15:1-5)

7-8절 넷째 인 청황색 말 탄 자의 이름은 사망. 음부가 그를
따르고 땅의 4분의 1의 권세를 얻고 검, 흉년, 사망과 땅의
짐승으로 죽임. (말은 '저희'로 복수 인간이 참여하고 있음)
* 슥 6:3 셋째 병거는 백마들이, 넷째 병거는 어룽지고 건장한
말들이 메었는지라, 슥 6:6 흑마는 북편 땅으로 나가매 백마가
그 뒤를 따르고 어룽진 말은 남편 땅으로 나가고,
9-11절 다섯째 인 - 순교자들이 영계 천상제단에서 땅에 거하는
자들의 심판을 호소.
 하나님께서 동료 순교자의 수가 차기까지 잠시 쉬라 하시며
 흰두루마기를 주심(흰두루마기 성도들의 옳은 행실
계 22:14, 19:8)

* 현재 즉 5째 인봉사건 당시에는 아직 순교자가 부활치 못했음
으로 차기까지 기다리라는 것이며 '차기까지'는 미래적인 사건이다.

성경 문맥으로는 기존 순교자들의 말할 때에서는 미래이며 순교 당할 자들에게는 일정기간 일시적인 사건이 된다.

12-16절 여섯째 인 천체와 땅에 큰 변동이 생기며 세계 모든 인간들이 보좌에 앉으신 이에게와 어린양의 진노에서 가리워 주기를 바라며 진노의 큰 날이 이르렀음을 외친다.

12절 큰 지진, 해가 총담 같이 검어지고 온 달이 피가 됨.

13절 하늘의 별들이 선 과실 무화과나무의 열매같이 떨어짐.

14절 하늘이 종이 축 같이 말림과 떠나감. 산과 섬이 옮겨짐.

15절 임금들, 장군들, 부자들, 강한 자들. 각 종과 자주자가 굴과 산 바위 틈에 숨음.

16절 보좌에 앉으신 이의 낯에서와 어린양의 진노에서 가리우 라고 외침.

※ 주님의 예언

① 마 24:29-30 그 날 환난 후에 즉시 해가 어두워지며 달이 빛을 내지 아니하며 별들이 하늘에서 떨어지며 하늘의 권능들이 흔들리리라 / 그 때에 인자의 징조가 하늘에서 보이겠고 그 때에 땅의 모든 족속들이 통곡하며 그들이 인자가 구름을 타고 능력과 큰 영광으로 오는 것을 보리라

② 막13:24-26 그 때에 그 환난 후 해가 어두워지며 달이 빛을 내지 아니하며 / 별들이 하늘에서 떨어지며 하늘에 있는 권능들이 흔들리리라 / 그 때에 인자가 구름을 타고 큰 권능과 영광으로 오는 것을 사람들이 보리라

이렇게 불택자들에게 재난인 진노가 이루어지고 있다. 이 사건 후에 사방 바람이 네천사에 의해 불지 못하게 되며 히브리인 하나님의 종들

의 이마에 인을 친다.)

3. 말세와 환란 〈 주제연구 3 〉

성경에서 환란이란 말은 하나님과 관계되어 있으며 당하는 인간과 그 죄악과 관계되어 있고 형벌이나 징계와 관계되어 있다.(환란 143회, 환란 날 8회, 환란 받다 6회 사용됨) 이 환란이 말세 곧 인류 역사의 종말과 관계되어 있음으로 정확한 정의와 그 범위와 종류를 확인할 필요가 있다. 이 환란 개념이 정립되지 아니함으로서 성도가 대환란을 통과하느냐 안 하느냐 하는 논쟁이 그치지 않고 있게 되는 것이다.

① 요 16:33 이것을 너희에게 이름은 너희로 내 안에서 평안을 누리게 하려 함이라 세상에서는 너희가 환난을 당하나 담대하라 내가 세상을 이기었노라 하시니라

② 롬 2:9 악을 행하는 각 사람의 영에게 환난과 곤고가 있으리니 첫째는 유대인에게요 또한 헬라인에게며,

환란은 누구나 당한다. 성도는 성도대로 이방인은 이방인대로 당한다. 이 환란은 하나님과 관계되어 있다. 그러면 환란이란 무엇인가?

1) 환란의 정의

이 정의가 혼란되면 종말론도 혼란해진다. 그러므로 사용된 문자적인 의미에서 간략하게 연구하자.

① ”ρ’ (라) : 역경, 고난, 나쁜, 재난, 불쾌, 손해, 비참, 고생...등의 의미다. 야곱이 당하는 환란 (창 48:16), 다윗의 환란 (시 27:5, 49:5), 성도들의 환란 (시 10:6, 잠 14:32, 21:12, 사 45:7, 렘 2:28) 등을 나타내는 경우에 사용되었다. 특히 죄악과 관계된 경우 (시 49:5, 94:13,

잠 14:32, 21:12, 렘 28:28)가 명시됨.

② ρξ’(차르) : 비좁은 장소, 적대자, 괴롭히는, 고통받는, 곤경 등등
의 의미다. 유대민족의 환란 (신 4:30, 삼상 2:32, 대하 15:4), 다윗의
환란 (삼하 22:7, 시 18:6, 32:7, 9:16, 66:14, 119:143), 성도들의
환란 (사 25:4, 26:16, 30:20) 등으로서 집을 빼앗기고 유리하며 좁은
공간에서 당하는 고통, 비통을 원수들에게서 당하는 환란이다.

③ ηρξ (차라) : 죔, 대적자, 역경, 고뇌, 비탄, 고통으로 〈차르〉의 여
성형이다. 이런 경우의 환란은 이스라엘의 불순종으로 인한 환란 (신
31:17, 21, 삿 10:14, 삼상 22:2, 대하 20:9, 시 25:22, 사 37:3,
렘 16:19, 30:7), 다윗의 환란 (시 9:9, 10:1, 18:6, 20:1, 22:11,
31:7, 34:6, 54:7, 59:16, 66:14, 86:7), 성도들의 환란 (시 34:14,
39, 46:1, 91:15, 잠 11:8, 12:13, 21:23, 사 32:2, 63:9, 65:16,
나 1:7)이 있고 이방인의 환란 (렘 30:7)과 인류역사 종말의 환란 (단
12:1, 습 1:15)이 이에 속한다. 이상은 구약성경에 나타난 환란이며
이후 9가지의 용어들이 있다. 신약은 어떻게 나타났는가 확인하자.

① ἀναγκη (아낭케) : 강제, 곤란, 좌절 등 의미 (눅 21;23, 고전
7:26, 살전 3:7)

② θλίβω (들리보) : 괴롭히다, 에워싸다, 환란당하다 의미 (고후
7:5, 살전 3:4, 딤전 5:10, 히 11:37)

③ θλίψι” (들립시스) : 압박, 고뇌, 상처받은, 짐진, 핍박, 환란, 누
름, 시련, 고난으로 ① ② 의 경우를 제외한 신약성경 전체에 나타난 용
어이다.

이 경우는 이방인 성도의 환란으로 (마 13:21, 24:9, 막 4:17, 행

11:19, 14:22, 20:23, 롬 5;3, 8:35, 12;12, 고후 1:4, 8, 2:4, 4:17, 6:4, 7:4, 8:2, 엡 3:13, 살전 1:6, 3:3, 살후 1:4, 6, 히 10:33, 약 1:27, 살후 1:7),(들리보): 등으로 성도들이 받는 목적 있는 환란이 있고(계 1:9, 2:9, 2:10, 7:14), 마지막 환란으로 (마 24;21, 29, 막 13:19, 24, 눅 21:23, 롬 2:9,계 2:22, 살후 1:6) (들리보) 등에 명시되어 있다.

또한 야곱의 환란 또는 요셉의 환란으로 이스라엘 환란이 (눅 21:23, 행 7:10, 11) 나타나 있다.

이와 같이 환란이란 광범위한 분야에 걸쳐 인생에게 고난을 주는 것으로 의로운 성도가 당하는 경우와 죄를 지어 징계로 당하는 경우와 형벌로 당하는 경우가 있는데 그 종류를 연구하자.

2) 환란의 종류

요한계시록 연구에 흔히 간과하기 쉬운 것은 환란의 종류이다. 이것이 확인되지 않고는 7년 대환란의 해석이 잘못되는 것이다.

(1) 환란의 원인 – 환란이 인간에게 미치는 원인은 무엇인가? 하나님께서 무엇 때문에 환란이 성도에게 임하게 하시며 이방인에게 당하게 하시는가?

① 신 4:25-29 : 히브리인들의 죄악이 환란을 불러들여 옴 (4:30)

② 신 31:16 : 이방신을 섬기며 음란이 쫓아 범죄하며 하나님을 버릴 때 환란이 다가 옴(31:17) 히브리인의 환란

③ 시 25:17 내 마음의 근심이 많사오니 나를 곤난에서 끌어 내소서

④ 잠 21:12 의로우신 자는 악인의 집을 감찰하시고 악인을 환난에 던지시느니라

⑤ 롬 2:9 악을 행하는 각 사람의 영에게 환난과 곤고가 있으리니 첫째는 유대인에게요 또한 헬라인에게며

첫째, 의로운 성도들이 예수님이 당하신 것 같은 고난의 환란이 있고, 둘째, 징계의 의도로 성도들이 하나님이 미워하시는 범죄로 말미암아 당하는 경우가 있고, 셋째, 이방인들이 죄악으로 당하는 심판형벌의 경우가 있다.

그러나 어떤 경우의 환란이든 형벌하시는 분은 공의로우신 여호와 하나님이시라는 사실을 잊어서는 안 된다.(사 45:7)

(2) 환란의 종류 – 성경에는 인간을 유대인 또는 히브리인과 이방인 또는 헬라인으로 분류하며(롬 2:9, 행 18:4, 19:10, 17, 20:21, 롬 1:16, 2:10, 3:9, 고전 1:22, 24, 12:13, 갈 3:28, 골 3:11), 이방인 성도와 유대인 성도를 구분하나 때로는 하나님의 백성으로 동일시하고 있으나 유대인과 성도는 각각 구별된다. (갈 1:13, 14, 요 2:20, 4:9, 19:31, 행 2:14, 9:23, 10:28, 14:2, 16:20, 19:10, 20:21, 롬 1:16, 3:9, 29, 9:24, 10:12, 계 2:9, 3:9)

그러므로 환란에 있어서 성도들의 환란과 영적 이방인들의 환란이 다르며, 영적인 이방인들 가운데 헬라인 안에는 이방인들과 유대인들이 함께 포함된다.

① 유대인 곧 이스라엘의 환란

마 24:20~21 너희의 도망하는 일이 겨울에나 안식일에 되지 않도록 기도하라. 이는 그 때에 큰 환난이 있겠음이라 창세로부터 지금까지

이런 환난이 없었고 후에도 없으리라

시 25:22, 신 4:30, 31:17, 렘 30:7, 16:19 등이며 사 60:1-9까지 이스라엘이 그들의 땅에 돌아오는 것은 그들의 환란이 있었음이다. 성경에는 이스라엘의 범죄와 반복되는 환란이 명시되고, 대환란 기간에도 그들에게 환란이 있음이 예언되어 있다.

② 성도들의 환란

성경에는 노아, 아브라함을 위시하여 성도들의 환란이 명시되어 있다. 시 34:17, 잠 11:8, 사 26:16, 33:2, 나훔 1:7, 행 14:22, 롬 8:35, 고후 1:4, 8:2, 살전 1:6, 3:3, 딤 5:10, 계 1:9, 2:9, 10, 7:14 등이며,

요 16:33 이것을 너희에게 이름은 너희로 내 안에서 평안을 누리게 하려 함이라 세상에서는 너희가 환난을 당하나 담대하라 내가 세상을 이기었노라 하시니라

③ 이방인 또는 불신자들의 환란

이 환란은 구원의 여망이 없는 심판의 환란으로서 또 다른 환란으로 성경에 명시되어 있다.

살후 1:6 너희로 환난 받게 하는 자들에게는 환난으로 갚으시고

계 2:22 볼지어다 내가 그를 침상에 던질 터이요 또 그로 더불어 간음하는 자들도 만일 그의 행위를 회개치 아니하면 큰 환난 가운데 던지고

단 12:1 그 때에 네 민족을 호위하는 대군 미가엘이 일어날 것이요 또 환난이 있으리니 이는 개국 이래로 그 때까지 없던 환난일 것이며 그 때에 네 백성 중 무릇 책에 기록된 모든 자가 구원을 얻을 것이라

이상은 일부이지만 이방인에 대한 하나님의 공의로우신 형벌 심판인

환란이다.

④ 환란 중에 최후의 대환란

마 24:21 이는 그 때에 큰 환난이 있겠음이라 창세로부터 지금까지 이런 환난이 없었고 후에도 없으리라(부정과거가정법)(마 24:29, 막 13:19, 눅 21:23)

※ 계시록에 나타난 환란과 관계된 여러 용어들 계 6:10을 위시하여 20:4까지 심판 용어가 9회나 사용되고, 진노는 계 6:16, 17, 11:18, 14:8, 10, 19, 15:1, 7, 16:1, 19, 18:3, 19:15 등 13회나 사용되었으며 재앙이란 용어가 계 9:18, 20, 11:6, 15:1, 6, 8, 16:9, 21, 18:4, 8, 21:9, 22:18 등에 13회나 사용되었으며, 죽음은 계 8:9에서 부터 11, 9:6, 20, 11:13, 12:11, 13:10, 14:13, 16:3, 19:21 등에 10회나 사용됨으로서 인류 최후 환란은 죄인에 대한 심판이며, 진노이며, 인류에게 재앙이며, 죽음과 관계된 것이다.
이러한 사실로 보아 7년 대환란의 성격을 파악하게 되며, 구속함 받은 성도와의 관계를 생각하게 되는 것이다.

3) 대환란에 대한 성경의 증거

환란은 유대인인 히브리인들의 환란과 성도들의 환란과 이방인들의 환란이 있음을 확인하였다.

환란의 시기와 성도가 환란을 통과하느냐 안 하느냐 하는 문제는 다음 주제에 이어서 연구하기로 하고, 큰 환란에 대한 성경에 증거만 확인하기로 하자.

단 12:1, 4, 7, 9, 11, 12, 13, 9:24, 25, 26, 27, 8:13, 14, 26(17,

19) 2:31~35, 36~45 (느브갓네살 왕에게 후일에 될 일을 알게 하셨고, 우상 신상의 의미가 다니엘 때부터 말세까지 나타난다. 2:28), 마 24:15, 20, 21, (막 13:14-19, 눅 21:20-24), 계 11:2, 3, 12:6, 13;5, 단 4:35, 마 24:14, 슥 12:10, 11, 계 22:20.

이상의 성경들은 세상종말과 관계된 구절들이다. 종말에는 환란이 있으나, 그 환란이 몇 년이며, 그 기간을 성도가 통과 하느냐 안하느냐? 또는 주님이 환란 전에 다시 오시는가 환란 중간인가? 환란 후인가? 또한 이 환란 전에 휴거하는가? 중간에 하는가? 환란 통과 후에 하는가? 는 계속 연구하게 될 것이다.

7장 천상 성도의 출현

1-3절 네 바람의 중단과 택한 종을 인치는 사건. (인치기까지 전쟁이 중단됨)

＊ 주님의 예언 마 24:31-32, 막 13:27

① 마 24:31-32 저가 큰 나팔소리와 함께 천사들을 보내리니 저희가 그 택하신 자들을 하늘 이 끝에서 저 끝까지 사방에서 모으리라 / 무화과나무의 비유를 배우라 그 가지가 연하여지고 잎사귀를 내면 여름이 가까운 줄을 아나니

② 막13:27 또 그 때에 저가 천사들을 보내어 자기 택하신 자들을 땅 끝으로부터 하늘 끝까지 사방에서 모으리라

4-8절 이스라엘 12지파 인침. 144,000인(들으니).

주님의 예언 마24:31, 막13:27

9-17절 보좌 앞에 셀 수 없는 흰 옷 입은 무리가 찬양.

성도의 휴거(첫째부활)

* 6째 인봉사건 기간 중에 천상에 성도가 큰 환란을 통과하고
나오는데(이 사건은 귀로 듣고 4절, 영안으로 본 것이다 9절) 여기
큰 환란은 6째 인봉사건까지의 환란이며 후3년 반이 아니다
그 이유는 ①19절 흰 옷을 '입고'(περιβάλλω 페리발로) 에서 입은
상태는 완료분사중간태 복수로서 흰옷을 입은 것은 과거의 결과가
현재 지속된 상태이며,
② 이들은 큰 환란에서 나오는 자들로서 여기의 '나오는'은
⟨ἔρχομα 엘코마이⟩ 현재 중간태 복수동사로서 6째 인봉사건
후에 땅에 환란으로부터 동반하여 현재 보좌에 나타난 자들이다.
14절
③ 그리고 옷을 씻어 희게 하였는데 '희게 하였느니라'는
⟨λευκαίνω 류카이노⟩로서 부정과거 능동태 3인칭 복수동사로서
현재 보좌에 나타난 때보다 먼저 속죄함을 받은 자들로서 보좌에
나타날 때 이미 과거에 구속함을 받은 자들이다
④ '희게한' 동작이 부정과거 3인칭복수이므로 과거에 속죄함을
받고 현재 나타난 자들이므로 비로소 휴거가 되어진 것이다.
그러니까 계 7:13에 '왔느뇨'는(엘코마이) 부정과거 3인칭 복수
이므로 마 24:31에 주님의 예언이 성취된 것이다.
11-12절 모든 천사, 보좌 장로들과 네 생물의 주의에 섰다가
찬양을 돌림.
13-17절 장로의 질문과 대답.

4. 성도의 휴거 〈 주제연구 4 〉

　휴거는 대단히 중요한 교리적 주제이다. 거듭난 성도에게 소망이며
이 땅에서 하나님 나라로 가는 방법이 되기 때문이다. 그리고 십자가에
서 구속을 완성하시고, 3일 만에 부활하시고, 40일 만에 예언대로 승천

하신 우리 구주 예수님께서 신령한 몸을 입은 우리와 만나는 때이므로 무엇보다도 마음 설레는 소식이다.

그러나 현재 국내에는 휴거에 대한 다양한 학설들이 소개되어 있어 무엇을 어떻게 믿을 것인지, 하나님 자녀들에게 혼란을 주고 있다. 휴거 사건은 하나님의 주권적인 섭리이므로 인간이 이렇게 저렇게 주장한다고. 그것이 성취되는 것이 아니기 때문에 성도들은 성경에 기록된 대로 인식하고 믿어야할 뿐이다.
(전환란 휴거설, 환란중기 휴거설, 환란통과후기 휴거설 등이 있음.)
이런 혼란한 중에 어떻게 조화를 이루어 균형 있는 성경 해석을 해야 할 것인지, 성경말씀의 인도를 받아야 하는 것은 중요한 일이다.

1) 휴거 용어의 정의

이 용어는 성경의 사건을 적용적으로 집약한 신학적인 개념이다.

살전 4:17 후에 우리 살아남은 자도 저희와 함께 구름 속으로 끌어 올려 공중에서 주를 영접하게 하시리니 그리하여 우리가 항상 주와 함께 있으리라.

여기 '구름 속으로'는 〈ἐν νεφέλη 엔 넵헬라이스〉로서 '정지 상태에 있는 구름 안으로'의 의미이며, '끌어 올려'는 〈ἁρπάζω 알파조〉로서 인간이 저항할 수 없이 강제로 잡아채어 끌어 당겨 진다'는 의미이다. (미래수동태 일인칭복수동사) 이는 하나님의 주권적인 사역이다. '함께'는 〈ἅμα 하마〉로서 기본 불변사로서, 친밀한 교제를 나타내는 전치사 또는 부사로 자유롭게 사용된다. '친밀한 교제가운데 같은 시간에 모두'라는 의미이다.

그러므로 휴거에 대한 정확한 의미는 그리스도 안에서 잠자던 육신이 죽은 자들이 부활하고(미래중간태 3인칭복수동사) 땅에 생존한 자들이 친밀한 교제 가운데 같은 시간에 모두 함께 저항할 수 없이 강제로 잡아채어 끌어당겨서 정지된 구름 안으로 들어가는 것이다.

2) 휴거의 범위

이 연구가 필요한데, 그 이유는 휴거를 환란전, 환란3년반, 중간에 수차의 휴거 등 다양하게 말하고 있기 때문이다.

① 살전 4:17에서 휴거되어 만나는 장소는 '공중에서' 인데 이는 <εἰ" ἀήρ 에이스 아에라>로서 '대격 남성단수' 이다. 공중에서의 장소는 두 번이 아니고 오직 한번이다. '영접하게 하시리니' 는 <εἰ" ἀπάντησι" 에이스 아판테시스>로서 만나는 행동 은 '대격 여성단수명사' 이다.

이상과 같이 공중에서 주님을 영접하는 것은 단1회적이므로 휴거는 단 1회 단수인 것이다.

② 요 14:3의 너희를 내게로 '영접하여' <παραλαμβάνω 파랄람바노>로서 미래중간태 일인칭단수로서 주님이 성도를 영접하는 것이 단 1회인 것이다.

③ 눅 17:34, 35, 마 24:40, 41의 두 남자와 두 여자 중에 하나씩 '데려감을 당하고' 는 요 14:3의 주님 '영접' 과 같은 용어로서 눅 17:34-35는' 미래수동태 3인칭단수' 로서 한번 데려가는 것으로서 휴거와 관계되고, 예비처로(계 12:6)데려가는 것이 아니다.

④ 마 24:40-41은 현재수동태 3인칭단수로서 단회적인 것이다. 이와 같은 연구에 의하면 부활, 변화 휴거는 단회적이다.

그러므로 7년 대환란 중에 몇 번이고 휴거된다는 주장은 잘못 해석한 것이다. 더욱이 이삭 부활이니 휴거니 하는 주장을 해서는 안 된다.

3) 휴거의 실체의 변화와 부활시각

위의 성경에 의하면 휴거의 대상은 그리스도 안에서 죽은 자 전체와 (살전 4:16) 변화 때 생존해 있는 전 성도가 포함된다.

고전 15:51 보라 내가 너희에게 비밀을 말하노니 우리가 다 잠잘 것이 아니요 마지막 나팔에 순식간에 홀연히 다 변화하리니

고전 15:52 나팔 소리가 나매 죽은 자들이 썩지 아니할 것으로 다시 살고 우리도 변화하리라

고전 15:51의 '다'는 〈πα‴파스〉로서 '모든, 온, 전체의'의미로서, 주님 안에 있는 자는 산자나 죽은 자나 모두 '다' 변화된다.

그러므로 잘 믿는 자는 들림 받고 잘못 믿는 자는 환란 통과 한다고 하는 주장은 잘못 해석한 것이다.

그 변화되는 소요시간은 '순식간에'는 〈ἄτομο" 아토모스〉로서 나눌 수 없는 시간의 원자를 의미하고, '홀연히'는 〈ριπή ὀφθαλμό" 흐리페 옵달무〉로서 〈ριπη 눈의 급격한 움직임, 즉시〉이며, 〈ὀφθαλμό" 눈 깜짝할 사이〉로서 눈 깜짝할 순간인데, 여격여성단수로서 한번 깜짝이는 순간에 변화되는 것이다.

그 변화된 실체는 〈ἀλλάσσω 알랏소〉로서 다르게 만들다, 개조하다,

변형시키다,바꾸다,고치다이며 미래수동태 복수동사로서 각 각 성도들의 변화가 될 것이다.

이와 같이 그리스도 안에서 죽은 자들은 부활의 몸으로 생존해 있는 모든 성도는 변화된 몸이 된다. 부활 변화의 순간은 '시간의 원자' 단위로서 홀연히 변화하여 사망과 영원히 상관없는 신령한 몸으로 놀라운 영화체가 될 것이다.(롬 8:30)

4) 휴거의 시기

시기에 관한한 너무 다양한 주장들을 들어 와서 정상적인 분별력을 상실하여 이성적인 납득만 되면 참과 거짓의 상관없이 받아들이고 말하고는 잊어버리는 습관이 생겨 버려서 무능한 상태에 처해있다. 그러므로 주장하는 분이 교회가 크고 숫자가 많으면 그 학설은 무조건 진리인 것 같이 생각하는 경향이 있다.
휴거시기에 관한 다양한 학설이 있는데, 그러면 무엇이 옳은가? 성경의 인도를 받자.

① 마 24:29 - 그날은 환란 날이며 성도가 통과하고 있으며 하늘에 징조가 있기 전 환란이다.

② 마 24:30 - 환란 통과 후 하늘의 권능들이 흔들리는 징조가 있고 그 때 주님의 징조가 하늘에서 <ἐν οὐρανό" 엔 우라노>로서 '하늘 안에서' 이며 공중 개념이 아니다. 그 때에 공중 안에서 주님이 '보이시겠고' 는 미래수동태 3인칭단수동사이며 이때 땅에 거하는 모든 족속 불신자들이 계 1:7과 같이 보고 통곡하며 큰 영광으로 오는 것을 보게 될 것이다.(미래중간태 3인칭복수 동사)

③ 마 24:31 큰 나팔소리와 함께 천사를 보내 세계에서 택하신

자들을 모으게 되는데, 이때 큰 나팔 울리는 성도와 관계되어 있고, 이방인과 관계되어 있지 않으며, 이 사실은 살전 4:16의 장면과 같은 것이다. 이것은 휴거와 관계되어 있다.

④ 눅 21:26 세상 사람들은 세상에 임할 일을 인하여 기절하는데 하늘의 권능 들이 흔들리기 때문이다. 이 사건은 마 24:30의 사건이다.

⑤ 눅 21:26-28 위의 사건이 있으면서, 주님이 그름을 타고 능력과 큰 권능으로 오는 것을 보거든(미래중간태 3인칭복수) 그 때 구속<$\dot{\alpha}\pi o\lambda \acute{v}\tau\rho\omega\sigma\iota$" 아포뤼트로시스>은 현재능동태 3인칭단수로서 단회적인 해방인 구속이다.

⑥ 마 24:29, 눅 21:26 등과 같은 하늘의 권능들의 사건은 계 6:12-14의 사건이며, '여섯째 인을 뗀' 기간의 사건이다.
7인중에 6째 인봉사건은 마 24:29 과 같이 환란이 지난 직후가 된다.

⑦ 계 6:12~14의 사건은 곧 마 24:29의 환란 사건이 있은 후에 재림하실 준비가 되신 어린양을 영계가 열려 바라보고(눅 21:27) 통곡하게 됨(마 24:30).

⑧ 계 7:3~4은 종들의 이마에 인치는 사건이 이루어지며, 4절은 이스라엘 자손의 각 지파 중에서 인을 치게 되고 인치는 시기까지 전쟁이 중단되는데, 이 사건은 마 24:31의 천사들을 통하여 택하신 자들을 사방에서 모으는 작업이다. 그런데 이 사건은 계 6:12의

6째 인을 뗀 기간의 사건이다.

※ 계 7:9은 마 24:31의 주님의 예언이 성취되는 사건이다.(계 7:10-12)

※ 제 6인봉사건 – 계 6:12 기간 중인 계 7:9의 사건에서 '이 일 후'에는 계 7:4-8 의 이스라엘 족속의 인치는 사건이며, 이는 귀로 들은 것이며(4절) 9절은 영안으로 본 것으로 '보니'는 ⟨εἴδω 에이돈⟩으로서 부정과거능동태 일인칭 단수동사로서 과거에 단1회적인 사건이다. 이 상태는 땅이 아니라, 영계의 하나님 보좌 앞과 어린양 앞에 나타난 흰 옷 입은 자들이 각 나라와 족속과 방언과 백성에서 아무도 능히 셀 수 없는 많은 자들이 나타난 것이다. 이것은 6째 인봉을 뗀 기간의 사건이다. 그런데 이들이 '서서' 있는 것은 '완료분사능동태 주격남성복수동사'로서 이미 완료된 행동이 현재 진행 중인 것이다.

이들은 누구인가?

① 계 7:13은 9절의 사건 후에 10-12절의 찬양이 있은 후 영계의 장로가 사도 요한에게 물으며(13절) 흰 옷 입은 자들이 누구며 어디서 왔느뇨 하였는데 '여기 왔느뇨' 는 ⟨ἔρχομαι 엘코마이⟩로서 '부정과거능동태 3인칭복수동사' 로서 이미 과거에 한 번의 사건으로 나타난 자들을 의미하는 질문이다.

② 계 7:14의 장로의 해석은 '큰 환란에서 나오는 자들' 이라고 하였다. 이 환란은 땅에서의 사건이며 '나오는' 은 ⟨ἔρχομαι 엘코마이⟩로서 현재중간태 복수동사로서 9절의 사건은 땅의 환란으로부터 동반하여 보좌에 나타난 자들이다. 그런데 이들은 어린양의 피로 그 옷을 희게 하였으며, '희게하였느니라' ⟨λευκαίνω 류카이노⟩로서 하얗게 만들다는 의미로 부정과거능동태 3인칭복수동사로서 보좌에 나타날 땐 이미 과거에 구속함을 받은 자들이다.

이상의 사건에서 분명히 천상보좌에 성도가 환란을 통과하여 나타난 것이며, 이 사건은 반복하지만 계 6:12의 6째인 개봉사건에 포함되며 제7인봉 사건 전이다. 환란통과는 7년 대환란 통과가 아니라, 6인봉 환란까지 통과하고 휴거된 것이다.

그러므로 첫째인봉 전에 휴거를 주장하는 것은 해석을 잘 못 한 것이며, 이렇게 볼 때 7년 환란 통과설도 참일 수 없다. 여기서 명심할 사항은 7인봉, 7나팔, 7대접은 서로 연관 되었으나 , 고유한 사건의 순서라는 사실이다.

③ 계 7:9, 13~14의 환란을 통과하며, 현재 나타난 성도들은 15절에서 보좌 앞에 있는데, '있고' 인 동사가 현재능동태 3인칭복수로서 6째 인봉 사건 중에 나타난 것이다. 그리고 이들은 6:11의 순교자들의 수를 포함하고 있다. 그 이유는 살전 4:16-17, 고전 15:51~52의 증거이다.

④ 계 14:1 (대환란 통과 휴거 주장)의 144,000명은 3절에서 땅에서 '구속함을 얻은' 은 완료수동태 복수동사로서 과거에 완료된 동작이 현재 상태로 나타난 것이므로 14장에서 휴거한 것이 아니다. 그러므로 막간설은 잘못된 것이다. 이들은 계 7:9, 13, 14의 휴거된 성도들인 것이다.

⑤ 계 19:7 (대환란 통과 휴거 주장)의 어린양의 혼인 기약' 이 이르렀고' 와 그 아내가 '예비하였으니' 는 모두 부정과거능동태 3인칭단수동사로서 지금 즉 제7대접 심판 기간이며(계 16:17), 이때 이미 어린양의 혼인 기약이 부정과거로 과거에 이루어졌고, 또한 어린양의 아내도 과거에 예비된 것이다.

대환란 통과 휴거주장은 여기서 휴거가 준비되는 것으로 해석하지만 전혀 그런 주장을 지지하지 않고, 과거에 준비된 것을 나타내고 있어서 환란통과 교회 휴거는 잘못 해석한 것이다.

그러면 부정과거 시기라면 언제인가 6째 인봉을 개봉한 사건기간인 계 7:9-14절에서 이미 일어난 것이다.

⑥ 계 19:9에 어린양 혼인 잔치에 '청함을 입은' 자들이 복이 있는데 여기에 '청함을 입은' 은 <καλέω 칼레오>로서 완료수동태 복수동사로서 대환란 말기에 청함을 받은 미래가 아니며, 과거에서 완료되어 현재에 진행된 상태(분사)이다. 대환란 통과 후 휴거설은 잘못 해석된 것이다.

그러면 언제 청함이 완료되어 현재까지 진행되고 있는가? 그것은 계 7:9-14의 제6인봉 사건이다.

⑦ 계 19:14은 백마를 타신 주님을 따르는 것으로' 따르더라'는 미완료능동태 3인칭단수로서 주님의 진노하시는 심판이 미완료 상태에서 현재 계속 되는 것이며, 휴거가 아니다.

⑧ 계 20:4은 보좌에 '앉은 자들이 있어' 에서 <에카디산>으로서 부정과거 능동태 3인칭 복수동사로서, 이미 과거에 보좌에 올라간 자들이다. 언제인가 계7:9-14에서 휴거된 자들이다. 그리고 심판하는 권세를 받았는데 '받았더라' 가 부정과거수동태로서 이미 대환란 통과 이전에 받은 것이다.(공중 혼인 잔치 주장)

이상의 연구로 볼 때 '휴거설'에 대한 심각한 오류가 있음을 알 수 있는데 그것은 해석상에 동사 등의 시상을 무시하거나, 무조건적으로 외국서적들을 인용하다 보니 간과하여 버렸고, 함께 잘못 해석한 결과를 초래하게 된 것이라 사료된다.

기존 학설들의 공통적인 과오는 환란 개념이 불분명하고 동사형 문법에 대한 연구의 결핍과 전통적 과오에 대한 무비판적인 수용 등을 지적할 수 있다.

또한 성도들은 거쳐야 할 큰 환란이 계 7:13-14에 있으나, 이것은 성도와 관계된 경우이고, 이방인과 유대인들의 죄악에 대한 심판의 7년 대환란이 아니다.

그러므로 하나님의 백성인 교회 곧 성도들은 계 7:9-14에 휴거되는데, 이 사건은 7인 개봉 전 제6인봉사건 기간의 하나님의 주권적인 사역이다. (★ 계 11:13, 12:5-6, 14, 17, 마 24:15-21, 계 18:4, 20, 24을 인용하여 대환란 통과설에 대한 변증은 성도들의 환란통과 여부에 관한 연구에서 하게 됨.)

5) 공중 임재와 성도의 휴거

주님이 지상에 재림하시는 것이 아니라, 이방인의 때가 마치면서 성도 환란기간을 경과하며, 성도를 휴거시킨다.

① 살전 4:17 주님이 호령과 천사장의 소리와 하나님의 나팔로 친히 강림하시되 구름 속으로 끌어 올려 주님을 영접하게 하시는 것이다.(16절)

② 마 24:31 천사들이 그 택하신 자들 전체를 하늘 이 끝에서 저 끝까지 사방에서 모으는 것으로 휴거이다.(막 13:27)

③ 마 13:39~42 이러한 구체적인 다른 현상은 천사들은 의인 중에서 악인을 갈라내어 (ἀφοριου’σιν 미래능동태 3인칭복수 규정하다. 제외하다, 지명하다, 단절하다) 심판하는데, 이때가 천사들이 의인을 모으는 때이다.

④ 마 13:39 주님이 공중에 임재하실 때인 추수 때는 추수군인 천사들에게 명령하여 가라지인 불택자들은 불사르기 위하여 단으로 먼저 묶게 하신다. 그러니까 가라지인 악인들은 묶여있고 의인들은 곡간에 먼저 들어가는 것이다.

⑤ 고전 15:23 위와 같이 천사들을 보내서 악인을 제한하고 의인을 곡간에 드릴 때에 지상에서 예수님에게 관계된 자들이 모두 변화된다.

⑥ 살전 4:14 천사들이 땅 사방에서 살아있는 성도들을 모을 때에 동시에 이미 그리스도 안에서 육신이 죽고 영이 낙원에 있는 자들은 주님이 그 영을 데리고 오셔서 지구 땅에서 부활하고 함께 거두어진다.(14, 3:13) 이때에 주님이 영광을 받으시고 믿는 자에게 귀히 여김을 얻으신다. 이러한 상태에서 구름 속으로 끌어 올려(미래수동태 3인칭복수동사)지고 주님과 항상 함께 있게 된다.

※ 이 사건은 악인들 심판과 어떤 관계가 있는 것인가? 악인들은 불사르기 위하여 단을 묶어 놓고 심판하기 전인데, 이 사실은 계시록에서 어느 시기인지 확인하자.

⑦ 계 7:3 천사가 하나님의 종들의 이마에 인을 치기 까지 전쟁을 억제한다.

⑧ 계 7:4~8 이마에 인치기($\sigma\phi\rho\alpha\gamma\acute{\iota}\sigma\omega\mu\epsilon\nu$ 스프라기소멘)는 가정법 부정과거 능동태 3인칭 복수동사로서 일시적인 인치는 역사를 받게 되는데 이스라엘 자손 중에 구원 받은 자들을 불러 모으는 작업이다. 이것은 요한이 들은(h[kousa 에쿠사, 부정과거 능동태 3인칭 단수) 것이다.

⑨ 계 7:9~10 인 맞은 육적 히브리인 각 지파의 수를 들은 일 후에 요한이 보니($\epsilon\hat{\iota}\delta o\nu$, 부정과거 능동태 3인칭 단수) 흰 옷을 입었는데($\pi\epsilon\rho\iota\beta\epsilon\beta\lambda\eta\mu\acute{\epsilon}\nu o\nu$" 완료분사중간태 대격남성 복수동사), 이미 완료된 상태로 보좌 앞에 서서($\acute{\epsilon}\sigma\tau\omega$' $\tau\epsilon$" 분사완료능동태 3인칭복수 동사) 있었다. 이 동작은 이미 완료된 상태였다.

⑩ 계 7:13 그러나 요한은 장로 중 하나에게 흰 옷을 완전히 입고, 이미 보좌에 서있는 이들이 누구이며 어디서 왔는지에 대하여 질문을 받았다. 요한은 장로에게 자기대답을 전가하고 장로가 큰 환란에서 나오는($\acute{\epsilon}\rho\chi\acute{o}\mu\epsilon\nu o\iota$ 엘코메노이 현재분사 중간태 주격남성복수) 자들로서 현재 곧 계 7:9, 13에서 제6째 인봉 기간(계 6:12)을 의미한다. 이들은 어린양의 피에 그 옷을 씻어 희게한($\acute{\epsilon}\lambda\epsilon\acute{u}\kappa\alpha\nu\alpha\nu$ 엘류카난 부정과거 능동태 3인칭복수) 자들로서 이미 죄 사함을 과거에 받은 자들이다.

이상의 사건은 7인봉 사건이 아니며 나팔이나 대접 사건들이 아니다. 그러므로 계 19:8의 세마포를 입게 한 동사가 가정법 부정과거로서 이미 계 7:9~14에서 이미 입은 것을 입증한다. ('휴거성도의 영적상태'는 다음 주제에서) 이와 같이 성도의 큰 환란인 6째 인봉까지 기간이 만료되어 휴거된 것이다.

8장 일곱 째인 개봉 사건과 네 나팔 재앙 사건

* 일곱 번째 인을 개봉 후 반 시 동안 하늘이 고요하고 일곱 나팔을 인수하고 천상제단에서 성도의 기도가 하나님께 상달되고 향로의 단에 불을 담아 땅에 부어 뇌성과 음성과 번개와 지진이 났는데, 이는 6:10 의 심판호소가 이루어지는 장면이다.

1-2절 하늘이 반 시간 동안 고요함과 일곱 천사가 일곱 나팔을 받음,

3-5절 향연이 성도들의 기도와 함께 천사의 손으로 올라감,

6절 일곱 나팔 가진 일곱 천사가 나팔 불기를 예비함,

7절 첫째 나팔 사건 땅 3분의 1이 타고, 산림 3분의 1이 타고,

8-9절 둘째 나팔사건 바다 3분의 1이 피가 되고, 바다 가운데 생명 가진 피조물 3분의 1이 죽고, 배들의 3분의 1이 파괴 됨,

10-11절 셋째 나팔사건 강 3분의 1과 샘 근원의 3분의 1이 쑥이 되어 많은 사람 죽음,

12-13절 넷째 나팔사건 천체의 3분의1이 빛을 잃고, 낮 3분의 1 도 빛을 잃고, 세 천사의 불 나팔 세화가 예언 됨,

9장 다섯 째 나팔, 여섯 째 나팔 사건

1-12절 다섯 째 나팔 사건(첫째 화 사건) 히브리음으로 아바돈이며,
헬라음으로 아불루온 이란 이름의 무저갱의 사자인 임금이 이끄는
황충들의 5개월 환란,
* 이 환란은 계 7:3-8까지의 인침 받은 자들을 제외한 히브리인들
중에 당하는 고통인 것이다.
이유는 이방인이나 이 때 전갈의 권세를 받은 자들은 구원 받지 못한
자들이므로 특별히 하나님의 인을 받지 아니한 자들만 해하라고
하셨고, 5-6절과 같이 죽이지는 못하게 하셨기 때문이다,
13-21절 여섯 째 나팔 사건 (둘째 화 사건 11:14까지. 전3년반)
1/ 3이 죽음을 당하는 살인 전쟁.
마병대의 수가 2만만으로 불과 연기와 유황으로 세계인구 3분의 1이
죽음을 당함(14-19) 이 재앙에 죽지 않고 남은 자들이 우상
숭배와 죄악을 극도로 채운다.(20-21)
13-15절 하나님 앞 네 금단 뿔에서 나팔 가진 여섯 째 천사에게
유브라데 강에 매인 네 천사 방면. 이들은 연월일시에 사람1/3을
죽게 하는 자들이다.
16-19 절 유브라데 강을 건너는 마병대의 수가 2만만이다.
20-21 절 여러 귀신들 금, 은, 동, 목석의 우상에게 절하고,
살인, 복술, 음행, 도적질을 회개치 않음.

5. 대 환란의 시기 (다니엘의 70이레)〈 주제연구 5 〉

　이 주제는 오랜 기간 많은 논란과 주장이 대두되었다. 이로 인해 많은
문제점이 생기고, 사이비나 이단들이 거짓된 주장으로 선한 성도를 미
혹하며, 재산수탈, 악한 방법으로 성도들을 학대하는 등 심각한 사회적

문제가 제기되기도 했다. 지면관계상 학설을 다 인용할 수는 없고, 독자들의 진리 이해를 위해 꼭 필요한 부분은 강의 때 인용하도록 하고, 이 교재에서는 성경에서 가르쳐 주는 진리만 연구하기로 하겠다.

1) 다니엘서에 계시된 대환란의 시기

다니엘서 예언 중에 말세와 관계된 어떠한 증거가 있는가?

(1) 다니엘의 예언과 인류 종말과의 관계

단 8:17 그가 나의 선 곳으로 나아왔는데 그 나아올 때에 내가 두려워서 얼굴을 땅에 대고 엎드리매 그가 내게 이르되 인자야 깨달아 알라 이 이상은 정한 때 끝에 관한 것이니라(14절)

여기에 정한 때는 (עֵת 에트) 시간, 때, 계절이고 끝은(קֵץ 게츠) 한정된 세상 끝이다.(단 8:19, 26, 9:27, 10:14, 12:4, 9, 12:1)

다니엘서의 말세적인 개념은 요엘서에 '후'(욜2:28)인 '얼마 후, 후에 다시'의 개념이 아니며, 이 요엘서의 인용인 행 2:17의 말세는 '마지막의 시간' 또는 '종말의 세대'이지만, 심판과 관계되어 있지 않다. 그러나 다니엘서의 종말은 미리 정해진 파괴의 날, 인류 역사 최후의 날과 관계있는 것이다.

(2) 단 8:13-14의 예언과 종말

① 단 8:13 내가 들은즉 거룩한 자가 말하더니 다른 거룩한 자가 그 말하는 자에게 묻되 이상에 나타난바 매일 드리는 제사와 망하게 하는 죄악에 대한 일과 성소와 백성이 내어준 바 되며 짓밟힐 일이 어느 때까지 이를꼬 하매

매일 드리는 제사와 망하게 하는 죄악으로 히브리 백성이 내어 준

바 되며, 성전이 짓밟힐 일에 관한 것으로 환란 기간의 사건이다.

② 단 8:14 그가 내게 이르되 이천삼백 주야까지니 그 때에 성소가 정결하게 함을 입으리라 하였느니라

위의 환란 기간은 2300주야까지로 2300주야 때에 성소가 정결함을 입는다.

③ 단 8:17 그가 나의 선 곳으로 나아왔는데 그 나아올 때에 내가 두려워서 얼굴을 땅에 대고 엎드리매 그가 내게 이르되 인자야 깨달아 알라 이 이상은 정한 때 끝에 관한 것이니라
다니엘이 깨달은 이상은 정한 끝인 종말시대에 관한 것이다.

④ 단 8:19 가로되 진노하시는 때가 마친 후에 될 일을 내가 네게 알게 하리니 이 이상은 정한 때 끝에 관한 일임이니라

'진노의 때가 마친 후에 될 일 '은 대환란의 때가 마친 후 일과 관계되어 있다.

⑤ 단 8:26 이미 말한(20-25절) 바 주야에 대한 이상이 확실하니 너는 그 이상을 간수하라 이는 여러 날 후의 일임이니라

2300주야는 확실하니 여러 날 후에 일이다.

위에서 확인한 바에 의하면 2300주야는 상징적인 수가 아니라 실수이며, 이것은 단 8:13의 사건과 관계되어 있으며, 이 사건은 환란 사건이며, 진노의 때가 마치고 성전이 정결케 되는 일과 관계되어 있음으로

환란기간에 해당하며 2300년에 해당하는 기간으로 설명할 수 없다. 왜냐하면 2300주야는 그 기간의 내용이 제한되어 있기 때문이다.

(3) 단 9:24-27의 예언과 종말

다니엘서 9장은 칠십 이레에 대한 중요한 근거를 제시해주며, 많은 학설과 문제가 제기되었는데, 바른 해석은 무엇이며, 대환란과 어떤 관계가 있는가?

① 단 9:24 네 백성과 네 거룩한 성을 위하여 칠십 이레로 기한을 정하였나니 허물이 마치며 죄가 끝나며 죄악이 영속되며 영원한 의가 드러나며 이상과 예언이 응하며 또 지극히 거룩한 자가 기름부음을 받으리라

히브리 백성과 히브리에 속한 거룩한 성 예루살렘을 위하여 칠십 이레로 기한을 정하였으며(현재완료), 칠십 이레 기간에 성취된 것은 허물이 마치며, 죄가 끝나며, 영원히 속량이 되고, 영원한 구속이 들어나고, 예언된 이상과 예언이 응하며 거룩한 자가 기름부음 사건이 포함되어 계획이 다니엘 당시 현재완료 된 것이다.

② 단 9:25 그러므로 너는 깨달아 알지니라 예루살렘을 중건하라는 영이 날 때부터 기름부음을 받은 자 곧 왕이 일어나기까지 일곱 이레와 육십이 이레가 지날 것이요. 그 때 곤란한 동안에 성이 중건되어 거리와 해자가 이룰 것이며, 다니엘에게 재차 깨달을 것을 촉구하면서, 7이레와 62이레가 성전 중건 명령 때부터 기름부음 받은 왕 곧 메시야가 나타날 때까지며, 7이레와 62이레 사이에 곤란한 일이 일어나는 중에 거리와 성벽들이 건축이 될 것이다. 이 예언

은 매시야 예수님 탄생까지 헤롯이 혼란한 중에 성벽을 쌓고 거리
들을 정리할 때까지다.

③ 단 9:26上 육십 이 이레 후에 기름부음을 받은 자가 끊어져 없
어질 것이며,

7이레와 62이레 후 즉 62이레를 마치고 다시 그 뒤에 메시야가 끊어
진다. =이것은 7 이레에서 62 이레까지 끝인 후에 메시야의 죽으심이
며, 나머지 한 이레가 아니다.

④ 단 9:26 ...장차 한 왕의 백성이 와서 그 성읍과 성소를 훼파하
려니와 그의 종말은 홍수에 엄몰됨 같을 것이며 또 끝까지 전쟁이
있으리니 황폐할 것이 작정 되었느니라

메시야 왕이 끊어진 후 7 이레와 62 이레가 마치고 나머지 1 이레 사
이에 장차 한 왕의 백성이 와서 성소를 더럽히며, 파괴하며, 망하게 하
다가 그 파괴자의 종말이 맹렬하게 넘침같이 망하고 끝까지 전쟁이 있
을 것이다. 이 기간은 62 이레 이후와 마지막 1 이레 사이의 사건이다.
이 기간은 명시 된 바가 없다.

⑤ 단 9:27 그가 장차 많은 사람으로 더불어 한 이레 동안의 언약
을 굳게 정하겠고, 그가 그 이레의 절반에 제사와 예물을 금지할 것
이며, 또 잔포하여 미운 물건이 날개를 의지하여 설 것이며, 또 이
미 정한 종말까지 진노가 황폐케 하는 자에게 쏟아지리라 하였느니라

62 이레 이후 메시야가 끊어진 후 예루살렘을 파괴한 한 왕이 장차
많은 사람으로 더불어 1 이레(70 이레 중 마지막 1 이레) 기간에 언약

을 굳게 정하고, 이레 절반인 3일 반에 이스라엘 민족의 제사와 예물을 금지할 것이며, 가증한 물건이 성전에 세워지면(마 24:15-22) 이 황폐케 하는 자에게 진노가 쏟아진다.

그러나 다니엘서에서는 한 이레의 시작이나 끝의 기한을 명시하지 않고 있으며, 계산되어질 수 없다. 이것이 다니엘에게 깨우친 것들이다.

⑥ 단 9:23 곧 네가 기도를 시작할 즈음에 명령이 내렸으므로 이제 네게 고하러 왔느니라 너는 크게 은총을 입은 자라 그런즉 너는 이 일을 생각하고 그 이상을 깨달을지니라

이상의 깨달음이 기도하여 응답된 은총을 입은 다니엘이 깨달은 범위다.

⑦ 단 12:11 매일 드리는 제사를 폐하며 멸망케 할 미운 물건을 세울 때부터 일천 이백 구십일을 지낼 것이요

나머지 한이레 기간 중 이레 절반(단9:27)에 멸망케 할 미운 물건이 세워질 때 즉 전3년반 후부터 1290일을 지낼 것이다.

⑧ 단 12:12 기다려서 일천삼백삼십오 일까지 이르는 그 사람은 복이 있으리라

7년 한 이레 중간(단9:27)에서부터 1290일 지나고, 기다려 1335일을 도달하는 사람은 복이 있는 자들이다.

⑨ 단 12:4 다니엘아 마지막 때까지 이 말을 간수하고 이 글을 봉

함하라 많은 사람이 빨리 왕래하며 지식이 더하리라

　마지막 때의 사건 예언이므로 간수하고 봉함하되, 다니엘 당시의 확실한 대환란 시대의 징조는 지식이 더하며, 빨리 왕래하는 문명의 발달이 교훈되었다.

　이상은 다니엘에게 하나님께서 깨닫게 하신 범위다. 이 정도 깨닫고도 구원되었고 만족하였던 것이다. 그러나 다니엘서에 예언된 69이레와 나머지 한이레 사이가 불분명하며, 마지막까지 봉함하라 하셨으나, 그 마지막은 지식이 더하며, 사람들이 빨리 왕래하는 시대의 징조가 계시되었다.

　1986,1988,1989,1992,1993년이 계산이 되지도 아니하였으며, 그 근거도 없다. 다만 70이레 시작이 명시되었는데, 그것은 솔로몬의 1차 성전이 파괴되고, 예루살렘 재건 명령(단9:25)이 있는 때이다.

파사왕에 의하여 3번 재건 명령이 있었는데
첫째, B.C.536년 고레스의 조서(스 1:1~3, 5:13, 6:3, 대하 36:22-23)
둘째, B.C.457년 다리오왕이 재차 독촉하고 느브갓넷살이 옮겨간 성전 기명도 모두 돌려 보냄(스 6:1, 3, 4~7, 8~12)
셋째, B.C.444년 아닥사스왕 7년 5월에 제사장들과 문지기, 찬양대 등과 에스라가 올라감(스 7:11~26)

　이상의 경우에서 성전이 완공된 것은 스 6:15에 다리오 왕 6년 아달월 3일전을 완성하였으므로　다리오 왕의 조사를 중심으로 계산한다면, B.C.457년 다리오 왕 성전건축 조서 발표시부터 7 이레와 62 이

레를 계산하면 (7+62)×이레(7일)=69이레이며, 69×이레(7)=483
일, 통상적 상징해석에 준하여 1일은 1년으로483년이 되고, 여기에서
B.C.457에서 7이레와 62이레인 483년을 감산하면 457-483=-26이
된다. 바로 A.D. 26년이 기름부음 받은 왕이 일어나는 기간이 된다.

이것이 대략이며 완전무결한 것은 아니다. 그 후 3년 만에 기름부음
받은 메시야 왕이 십자가에 죽으시고, 다음 A.D. 70년경 한 왕 가이사
로마 황제의 신하 디도가 예루살렘을 파괴하고, 계속 전쟁을 하다가 단
12:4의 지식이 더하고 빨리 왕래하는 징조로 마지막 때가 명시되며,
그 후에는 주님의 예언과 계시록에 의하여 결정하게 되었다.

그러므로 별난 계산으로 이치에 맞지도 않게 계산하여 1967년+19년
등의 해석이나 2000-3년 식의 해석 방법은 거짓된 방법으로 삼가 해
야 한다.

2) 신약성경에 계시된 대환란의 시기

신약성경에서 인류최후 환란은 어떻게 계시하고 있는지 확인하자.

(1) 큰 환란은 존재하는가?

과연 환란 중에 최후 환란은 있는 것인지, 없는 것인지 성경을 확인하자.

① 단 12:1 그 때에 네 민족을 호위하는 대군 미가엘이 일어날 것
이요 또 환난이 있으리니 이는 개국 이래로 그 때까지 없던 환난일
것이며, 그 때에 네 백성 중 무릇 책에 기록된 모든 자가 구원을 얻
을 것이라.

② 마 24:21 이는 그 때에 큰 환난이 있겠음이라 창세로부터 지금

까지 이런 환난이 없었고 후에도 없으리라

③ 막 13:19 이는 그날들은 환난의 날이 되겠음이라 하나님의 창조하신 창초부터 지금까지 이런 환난이 없었고 후에도 없으리라

위의 성경 중에 마 24:21은 창세로부터 지금까지 없었던 것이며, 후에도 없을 큰 환란 (θλίψι" μέγα" 들립시스 메갈레스)이 명시되어 있다(막 13:19)

그러나 계 1:9, 2:9, 10, 22, 7:14을 제외하고는 요한계시록에 환란이란 용어가 나타나지 않고 있으며, 이 환란은 계 2:22 이단자들을 포함하여 교회와 관계된 환란이다, 이는 놀라운 현상이다. 그런데 환란 기간 내에는 계 6:16, 17, 11:18, 14:8, 10, 19, 15:1, 7, 16:1, 19, 18:3, 19:15 등에 진노라는 용어가 나타나는데, 이것은 모두 이방인에 대한 심판과 관계되어 있기 때문이다.

이렇게 교회시대 환란과 대환란 시대의 환란의 성격이 다르다. 심판이라는 용어도 계 17:1, 18:10, 20, 19:2 등이며 이방인과 관계되어 있고, 계 6:10, 11:18, 14:7, 16:5, 7, 18:8 등 여기에도 이방인과 관계되어 있다. 멸망도 계 17:8, 11, 11:18 등에 표현되어 있고, 죽음도 계 8:9, 11, 11:13, 13:10, 16:3, 19:21 등은 죄인들과 관계되어 있다. 재앙도 계 9:18, 20, 11:6, 15:1, 6, 8, 16:9, 21, 18:4, 8, 21:9 등도 죄인들에게 내려지는 것으로 형벌과 관계되어 있다. 그러니까 성도와 관계된 환란은 계 7:14 이상은 없다. 그 후에는 형벌적인 개념이 적용되어 있다.
그러므로 연구한 바에 의하면 유대인들의 환란과 이방인 성도들의 환

란이 있으며, 그 외에는 환란이나 심판이 죄인들과 관계되어 있다.

(2) 계시록에 계시된 7년 대환란의 시기

앞으로 구체적으로 연구되겠지만 계시록에서는 7년 대환란이 어디에 명시되어 있는가?

① 계 11:3 내가 나의 두 증인에게 권세를 주리니 저희가 굵은 베옷을 입고 일천이백육십 일을 예언하리라
② 계 9:13, 14 6째 나팔과 7째 나팔인 11:15 사이의 기간이다.
③ 계 12:6 그 여자가 광야로 도망하매 거기서 일천이백육십 일 동안 저를 양육하기 위하여 하나님의 예비하신 곳이 있더라

제7나팔 기간인 계11:15에서 계16:1의 대접의 시작 전에 1260일 3년 반이 지속됨으로 이는 후 3년 반이 되는 것이다.

이와 같이 계시록에 의하면 대환란의 시작은 여섯 째 나팔을 분때부터이며, 계 7:14의 큰 환란은 성도들이 경험하는 환란인 것으로 7년 대환란이 아니다.

3) 대환란과 성도와의 관계

과연 성도가 환란을 통과 하는가 하면 그 환란은 무엇이며 만일 성도들이 환란을 통과하지 않는다면 7년 환란 중에 성도들은 누구인가에 대하여 연구하자.

(1) 대환란과 이방인 심판

대환란이란 의미에 대하여 앞서 연구한대로 이해되었으리라 믿으며

이제는 대환란의 대상과 개념 정립을 하기로 하자.

유대인인 이스라엘의 환란

성경에는 이방인과 유대인이 분명하게 구별되어 있다. 성경에는 육적 이스라엘에게 제한된 구원에 관계한 환란이 예언되어 있다. 물론 환란이란 용어는 개인적이고(가정) 사회적인 환란이 있으나, 특히 세상 말세에 이스라엘 민족에게 일어날 환란과 그 예언이 기록되어 있어서 이들이 환란을 통과하는 경우를 연구하는 것이다.

① 롬 11:25 유대인들 중에 더러는 이방인들의 구원의 총수가 들어오기 까지 완악하게 된다.

② 롬 3:29 성경은 이방인과 유대인을 구별하고 있다.

③ 신 4:30 애굽에서 나온 히브리 민족이(육적 이스라엘) 환란을 당하다가 끝 날에 하나님께 돌아와 말씀을 청종할 것이 예언되어 있다.

④ 렘 30:7 비할 데 없이 큰 야곱 즉 이스라엘 민족이 환란에서 구원될 것이 약속됨.

⑤ 단 12:1 개국 이래로 없던 큰 환란을 이스라엘 백성이 통과하고 생명책에 기록된 자들이 구원받을 것이 예언됨.

⑥ 마 24:20~21 성도들 중에 이방인을 포함한 환란 통과 성도가 아니라, 구약 율법을 지키며, 인식을 준수하는 육적 이스라엘 민족이며, 이들이 후3년 반 초반인 계 12:6과 같이 도망하여 보호처에서 보호받을 자들이다.(마 24:15~19)

⑦ 슥 8:12, 14:2 환란에서 피한 자들이 이스라엘 땅에서 번영을 누리게 된다. 이들이 대환란을 통과한 자들이다.

⑧ 롬 11:26~27 대환란 기간을 통과하여 야곱 족속이 속죄를 받

고 구원을 받게 될 것이 예언됨(사 59:20-21)

⑨ 단 9:27 대환란 기간이 7년이며 육적 이스라엘이 적그리스도 무리들과 언약을 굳게 하며 전3년 반 말기에 예물과 제사를 금지할 것이라고 했으며 이때가 계 12:6인 후삼년 반 초기로 광야 보호처에서 보호를 받는데 이들이 환란 통과 유대인인 히브리인들이다.

⑩ 슥 12:9 후3년 반 기간에 예루살렘을 치러 오는 자들을 하나님이 멸하시며 이방인 불택자의 최후 심판이 이루어진다.

⑪ 슥 12:11 하나님의 원수이며, 이스라엘의 원수가 모두 멸망하고 히브리민족(환란 통과 생존자)들에게 성령님의 역사로 찌른 바 주님을 바라보고 죄를 애통하며 회개 운동이 일어나게 된다.

그러므로 이스라엘 민족의 남은자 구원을 위하여 그들은 환란을 통과함으로서 7년 대환란이 된다.

다시 말하거니와 7년 대환란은 히브리인 성도들에게 관계된 용어이다. 성도들의 모임인 교회 통과 환란과 히브리인인 유대민족이 통과하는 환란과 다르다.

(2) 계시록 환란을 통과하는 성도

요한계시록에 사용된 성도라는 용어를 확인하자.

① 계 5:8에 사용된 성도는 인봉전이며, 계 8:3, 4은 7째 인봉을 뗄 때 영계의 사건이며, 계 11:18은 영계 24장로들의 보좌 앞에 찬양이며, 계 13:7, 10은 7째 나팔(계 11:15) 사건 기간으로서 후3년 반의 지상 성도들이며, 계 14:12은 7째 나팔을 통과하는 지상 성도들이다.

② 계 16:6의 성도는 '피를 흘림 받은 자들' 로서 '흘렸으므로' 는 부정과거 3인칭 복수동사이므로 후3년 반 기간인 여기에서

흘린 것이 아니라, 과거에 흘린 경우로서(환란 통과 성도들의 순교의 피가 아니다) 환란 통과 성도가 아니다.

③ 계 17:6은 현재분사 능동태 단수로서 피에 취한 상태로서 여인의 상태이며, 계 18:20은 계 16:17의 7대접을 쏟은 후에 일로(후3년 반 말기에 속하는 사건) 이때는 사도나 선지자들이 지상에 있을 수 없기 때문이다.

특히 계 19:7~8은 9절에 의하여 여기서 휴거되는 것으로 주장하는 경우가 있으나, 계 19:8은 어린양의 아내인 성도로 이미 예비된 것이 부정과거능동태로서 현재가 아니라, 계 7:9-14의 휴거된 성도들에 관한 것을 보좌에서 말해진 것이다. 또한 9절에 '청함을 입은'은 분사완료 수동태로서 과거 어느 지점에서 완료되어 현재 지속되는 상태의 시상 표현으로 휴거가 아니다.

그러므로 환란통과 성도는
④ 계 11:13 그 시에 큰 지진이 나서 성 십분의 일이 무너지고 지진에 죽은 사람이 칠천이라 그 남은 자들이 두려워하여 영광을 하늘의 하나님께 돌리더라
※ 비로소 계 9:13의 6째 천사가 나팔을 분 후 전3년반(계11:3~12) 말기에 나타난 환란 중 성도가 발생한 것이다
이들은 성 1/3이 무너지고, 지진에 죽은 사망자가 7000인 사건을 보고, 그때 영광을 돌린 것이며, 이것은 지상에서 성도의 발생을 의미한다.

⑤ 계 12:6 그 여자가 광야로 도망하매 거기서 일천이백육십 일 동안 저를 양육하기 위하여 하나님의 예비하신 곳이 있더라

※ 여기 '도망하매'는 부정과거 능동태 3인칭 단수동사로서 역사적인 성취된 사건이며, 광야가 땅이며, 후3년 반 기간 초에 일어난다. 그리고 '양육하기'는 현재가정법으로 현재 계속적으로 양육이 되고 있는 것으로서 환란을 받는 지상 환란 성도이다. 이들은 예비된 곳에서 보호를 받게 된다.

⑥ 계 18:4 또 내가 들으니 하늘로서 다른 음성이 나서 가로되 내 백성아, 거기서 나와 그의 죄에 참예하지 말고 그의 받을 재앙들을 받지 말라

※ 여기에 나타난 하나님의 백성은 계 16:17에 7째 대접을 쏟은 기간의 지상성도로 환란을 통과하는 자들인데, 이미 연구한 바에 의하면 유대인 야곱 족속 중에 남은 자로 확인된다.

그러므로 환란을 통과하는 성도는

⑦ 계 7:9~14의 큰 환란은 휴거 성도가 거치는 환란으로 6째 인봉을 개봉한 기간까지의 것이며,

⑧ 계 11:13과 12:6의 성도는 환란 기간인 전3년 반 종말에 환란 중에 발생하여 광야 도피처에서 보호를 받고, 계 18:4의 하나님의 백성은 제7 대접형벌 사건 기간인 후3년 반 후반기에 보호될 하나님의 백성이다. 그러므로 7년 환란기간 중에 죽은 자들은 구원되지 못할 자들이며(계 20:5), 심판부활로 나오는 자들이다.(계 20:11-15)

결론적으로 성도가 환란을 통과한다는 말은 ① 휴거될 교회성도들이 거치는 환란과 ② 7년 환란 중에 지상에 발생한 성도와 백성은 이방인 심판형벌 속에서 보호 된다. 그러므로 기존 환란 통과설은 성경에 맞지 않는다.

10장 사도 요한이 받아먹은 작은 책

> 1-4절 6째 나팔 사건 진행 중에 사도 요한에게 7우뢰사건을 인봉하고 기록하지 못하게,
>
> 5-7절 일곱째 나팔 예고로 예언된 복음과 같이 성취될 것이 예고됨.
>
> 8-11절 요한의 재사명 수행을 위해 작은 책 받아먹는 사건,

6. 전3년 반 〈 주제연구 6 〉

성경에 7년의 한 이레가 최후 심판 기간으로 인식되며, 이 기간을 반으로 나누어 앞부분을 전3년 반, 뒷부분을 후3년 반이라고 부르며, 이 기간을 말세라고도 한다. 그리고 그 시작은 매우 복잡하다. 그러므로 계시록을 중심으로 연구하기로 하자.

1) 말세의 개념

종말이나 마지막이나 같이 쓰이나 성경에는 말세라는 용어가 있음으로 확인하자.

① 구약의 말세

신 31:29 내가 알거니와 내가 죽은 후에 너희가 스스로 부패하여 내가 너희에게 명한 길을 떠나서 여호와의 목전에 악을 행하여 너희의 손으로 하는 일로 그를 격노케 하므로 너희가 말세에 재앙을 당하리라 하니라

이 말세는 이스라엘 민족의 말세와 인류 역사 전체의 말세도 포함된다. 여기 말세는 〈 τψρΓ α῍ 하아리트 욤〉으로 그 의미는 맨 마지막

때로 이스라엘 민족의 남은 자의 때를 의미함으로 환란의 때를 의미한다.

② 기독교 초기인 말세

행 2:17 하나님이 가라사대 말세에 내가 내 영으로 모든 육체에게 부어 주리니 너희의 자녀들은 예언할 것이요 너희의 젊은이들은 환상을 보고 너희의 늙은이들은 꿈을 꾸리라.

이 성경의 말세는 유대민족의 말세이며, 기독교 초기 시대이다. 이 사상은 고전 10:11, 약 5:3, 벧전 1:5, 20 등에서도 같은 개념으로 말세에 주님이 오신 것이다.

③ 인류 역사의 말세

딤후 3:1 네가 이것을 알라 말세에 고통하는 때가 이르리니(벧후 3:3)

여기 말세의 신약 용어는 〈ἔσχατο” 예스카토스〉 끝, 마지막, 종말+〈ἡμέρα 헤메라〉 시간, 세대, 날의 합성어로서 인류의 마지막 종말을 의미함.

2) 후 3년 반

성경 어디에도 7년 대환란의 시작이 명시된 곳은 없다. 마지막 징조가 있으나, 그 징조의 끝이 얼마인지 알지 못한다. 가까운 것은 알지마는 여기다 라고 지적된 곳이 없다.

성경은 후3년 반의 시작은 계시하시지만 후3년 반 후에도 1300주야, 1335일 등의 기간으로 나타내서 끝이 여기다 라고 할 수 없는 것이다. 그리고 7인봉도 그 기간이 얼마인지, 7나팔도 한 나팔 사이의 시간간격이 명시되어 있지 않아서 빨리 지나가는 것인지 몇 일 몇 개월인지 알려지지 아니하였다. 그러므로 성경이 예언한 것을 읽고 배우고 미리 알아서 깨어 있어야 하는 것이다.

① 계 11:2 성전 밖 마당은 척량하지 말고 그냥 두라 이것을 이방인에게 주었은즉 저희가 거룩한 성을 마흔 두 달 동안 짓밟으리라

이 성경은 현재 예루살렘 히브리 민족 성전 밖 마당이 이방인에게 42개월(3년반) 동안 짓밟히는 기간으로 6째 나팔 심판 기간이다.

② 계 11:3 내가 나의 두 증인에게 권세를 주리니 저희가 굵은 베옷을 입고 일천이백육십 일을 예언하리라

이 성경은 정관사 (`ὁ 호)가 붙은 지정된 두 사람의 증인들에게 예언과 권세를 주신 기간이 1260일이며 3년 반이다. 이 3년 반을 6째 나팔 사건 기간 안에 명시된 것이다. 이상의 두 계시의 경우는 제7 나팔 사건 기간의 3년 반이 아니므로 이를 전3년 반으로 해석한다. 그러나 이 전3년 반이 인봉에서 시작되느냐 나팔에서 시작되느냐는 성경에 불분명하며, 다만 후3년 반이 아닌 것이 분명하다. 하나님의 심판의 특성이 있는 6째 나팔 심판기간에 명시되어 있음으로 전3년 반이다. 지금까지 연구를 정리하면 6째 나팔사건인 둘째 화 사건 (계9:13, 11:14) 기간에 전3년 반이 명시되어 있고 전3년 반 말기가 계11:13에 나타났는데, 앞에 있는 여러 나팔까지인지는 불분명하다.

그러므로 모든 인봉과 모든 나팔과 모든 대접이 서로 질서 있는 하나님의 섭리적 계시로 보면서 계 11:13 이전이 전3년 반 끝이므로 그 이전이라고 확신한다. 그리고 계 8:1~9:12까지 7째 인에서 5째 나팔까지 환란이란 용어가 없이 재난만 있는 것으로 보아 참고할 만하다고 생각한다.

11장 두 감람나무 두 증인

(전3년 반 사건. 여섯째 나팔인 둘째 화)

1-2절 여섯째 나팔 기간 중에 성전과 제단과 그 안에서 경배하는 히브리인들을 계수하고 성전 밖 마당은 이방인에 게 42개월 짓밟히게 됨.

3-8절 이때에 두 증인 두 감람나무가 1260일을 예언하며 기적을 행하다가 무저갱에서 나온 짐승과 싸우다 죽임을 당함.

9-12절 3일 반에 부활하여 승천되어 간다.

여기에 두 증인은 교회가 아니다. 이유는 전 세계성도가 죽는다는 것이 성경에 예언된 바가 없으며 이미 계 7:9-14에 휴거되었기 때문이며, 이들은 분명히 전3년 반 기간의 두 사람의 특수 사명자들이다.

그 이유는 두 증인 앞에 〈토이스〉라는 여격남성복수정관사가 있다. 그럼으로 이것은 두 사람의 지정된 인물이다.

* 이들이 주님이 십자가에 못 박히신 곳에서 죽임을 당한 후 성 1/10 이 무너지고 지진에 사망자가 7천이 된다. 그리고 "남은 자들이 두려워하여 하나님께 영광을 돌리더라"(13절) 함으로서 비로서 두 증인들의 선교적 효과로서 환란 중에 성도가 나타나게 된다.

이 사실은 계 7:15-11:12까지 일체 성도가 나타나지 않았다는 사실에서와 계 7:9-14의 사건에 의하여 분명하다. 그런데 전3년 반이 계 11:3-13까지 비로서 나타남으로 제6째 나팔인 둘째 화 기간인지 또는 성도가 휴거한 7인봉에서부터인지는 성경에 불분명하다.

15-19절 7째 나팔 사건(11:15-19:21 후삼년 반) 일곱째 천사의 나팔 붐과 24 장로들의 찬양과 하늘 성전.

* 주님의 예언 마 24:15-28 유대인들의 환란

7. 후3년 반 〈 주제연구 7 〉

성경에 계시된 후3년 반 기간에 관하여 연구하자.

① 단 9:27 그가 장차 많은 사람으로 더불어 한 이레 동안의 언약을 굳게 정하겠고, 그가 그 이레의 절반에 제사와 예물을 금지할 것이며, 또 잔포하여 미운 물건이 날개를 의지하여 설 것이며, 또 이미 정한 종말까지 진노가 황폐케 하는 자에게 쏟아지리라 하였느니라

한 이레인 7년 중에 절반 즉 전3년 반 말기와 후3년 반 초기에 제사와 예물이 금지되고, 미운 물건이 성전에 세워질 것이 예언됨(마 24:15)

② 단 12:7 한때 두 때 반 때를 지나서 모든 일이 다 끝나므로 이 기간이 후3년 반이다.

③ 계 13:5 적그리스도인 짐승이 42개월 일할 권세를 받은 기간은 후3년 반이다.

④ 계 12:6 광야 예비처로 도망하여 양육을 받은 1260일 후3년 반이며 7째 나팔사건인 셋째 화 기간이다.

⑤ 계 12:14 여자가 한때 두 때 반 때를 광야에서 양육 받은 기간은 6절의 1260일인 후3년 반 기간이다.

⑥ 단 7:25 다니엘서의 성도를 괴롭히는 한때 두 때 반 때는 계 13:5과 같은 시기이며 후3년 반이다.

⑦ 단 7:26 심판 시기가 임하여 권세를 빼앗기고 끝까지 멸망하

는 기간은 후3년 반이다. (단 9:24-25)

⑧ 단 8:13~14 매일 드리는 제사에서부터 성도와 백성이 짓밟히는 기간은 2300주야는 단 7:25과 계 12:14의 경우로서 후3년 반인 단 9:27 한 이레 절반 사건보다 앞서 히브리인들의 예물 드리는 사건을 포함하는 기간이다.

⑨ 단 12:11~12 매일 드리는 제사가 폐하여지는 단 9:27의 이레 절반인 후3년 반 시작에서 1290일을 지나는 것은 모든 악인의 심판이 필한 후3년 반인 7째 나팔에 포함된 7대접 심판 기간이 마치고, ‘30일 기간’ 을 지나는데, 성경에 특별한 명시가 없으나 히브리인 남은 자 구원 기간인(롬 11:26-32, 시 14:7, 53:6, 단 12:1-3로서 남은 자 구원 기간)로서 슥 12:1~14에 예언된 성령님의 역사로 후3년 반 아마겟돈 전쟁 후에 애통하며, 기름부음 받은 자 예수님께 행한 죄를 자백하고 통회하여 구원 얻은 성전이 정결케 되는 기간(단 8:14)으로 보인다.(단 12:11)

⑩ 단 9:27의 이레 절반의 예물과 제사를 금하는 후3년 반 시작 때에서 1335일을 이르는 것은 단 7:27, 2:44~45과 같이 지극히 높으신 자의 나라인 천년왕국의 시작 기간일 것으로 믿어진다. 그러니까 7년 대환란 후3년 반이 끝난 후 30일간 히브리 남은 자들의 회개 구원 기간 후 45일 경에서 천년 세계가 시작되되, 계 20:1~3과 같은 마귀 사단을 무저갱에 가두는 기간이 포함되는 것으로 믿어진다.(단 12:12) 그러므로 여기에 죽지 않고 이르는 자는 복이 있는 것이다.

후3년 반 기간에 나타난 성도

7년 대환란은 단 9:27의 근거에 의하여 전3년 반과 후3년 반으로 구분하데, 현 교회가 환란을 통과한다는 이론과 통과하지 않는다는 이론이 팽팽한 대치를 하고 있는데, 이제 성도에 대하여 연구하자.

계시록과 다니엘서의 성도

다니엘서에서 7:18, 22은 성도들이 나라를 얻어 누리는 것으로 환란을 통과하는 자들이며, 7:21, 25, 12:7 등은 성도들이 환란 중에 적그리스도에게 고난당하는 경우로서 후3년 반과 관계되어 있다. 계시록의 성도에 관하여는 주제연구 '대환란의 시기' 〈계시록 환란을 통과 하는 성도〉에서 참고하기 바란다.

정리하면 후3년 반의 환란통과 성도들은 6째 나팔 사건인 전3년 반 말기(계 11:13)에 비로소 땅에서 생겨난 자들이다.

그런데 계 11:13의 환란 중에 나타난 성도들은 이방인이든 유대인이든 구별이 없으며, 이들은 계 12:6, 14에서 예비처에서 보호를 받고, 또 다른 하나님의 백성들이 계 18:4에 나타나는데, 이들이 슥 12:8-14에 회개하여 구원될 남은 자들로서, 바울의 롬 11:25-27의 남은 자 히브리인들을 의미한다.(슥 13:8-9)

또 다시 강조하지만 환란 통과 성도들은 계 11:13에서 전3년 반 말기에 출현하여 계 12:6의 하나님의 예비하신 곳에서 후3년 반 시작되면서부터 예비처에서 하나님의 보호를 받게 된다.

그 후 이들은 7년 대환란을 통과 후 육체로 천년왕국에 들어가 첫째 부활로 휴거된 성도들의 백성이 된다. 그 증거는 계 20:6에 의하여 분명하다. 특히 2300주야에 관한 단 8:14은 7년 대환란 기간에 속한 기간이며, 1290일의 단 12:1은 '지낼 것이요'라고만 증거되고, '30일'이 한 이레가 지난 후에 나타나는데, 이 기간을 슥 12:8~14의 유대인들의 회개기간이라고 믿으며, 성전이 정결케 되는 단 8:14의 기간으로 믿는다.

현재 휴거될 교회 성도들은 계 7:13-14의 큰 환란을 거치게 된다. 그러나 계 11:1~13까지와 계 11:15~19:21의 7년 대 재난인 심판은 당하지 않으나, 성도가 받을 큰 환란이 있으므로 대처할 준비 자세를 가져야 한다. 예정 섭리에 의하여 구원 성도들은 환란에서 죽어도 영이 거듭난 구원된 하나님의 자녀가 되는 권세를 받은 자이므로 (요 3:6, 16~18, 요 1:12) 염려할 필요는 없다. 그것은 영광스런 순교이기 때문이다.

그러나 예비처를 강조하여 이곳에 못가면 죽는다는 식의 해석으로 예수의 피로 구속 받은 성도들을 두렵게 하는 것은 복음이 아니다.(요한계시록)

12장 해를 입은 여자와 붉은 용

(후3년 반인 7째 나팔 사건인 셋째 화 기간이다.)

1-4절 해를 입은 여자의 진통과 붉은 용.

5-6절   여자의 출산과 1260일간의 예비처에서 양육

※ 이 사건은 6째 천사가 나팔을 분 계 11:15 이후의 사건 기사로서

후3년 반 기간 중의 사건이며 여자는 환란 통과 교회를 상징하며

후3년 반 동안 광야에서 양육을 받는 경우로서 환란 통과 중에

나타난 성도의 예비처에 관한 경우이다.

7-9절 영계 미가엘과 용과 그 사자들의 전쟁.

10-13절 천상 어린양 찬양과 천상 성도에 대한 위로.

13-17절 용이 여인을 핍박하고 여자의 후손과 싸우려고 함.

8. 예비처 〈 주제연구 8 〉

성경에 나타난 예비처에 대하여 좀 상세히 연구하기로 하자. 우선 정리할 것은 환란 전 지상교회(교회시대 교회)는 7년 대환란 전에 성도의 큰 환란 날을 지난다는 사실과 7년 대환란 전3년 반 말기인 계 11:13에서 두 증인의 전도와 예언을 듣고 발생한 대환란 통과 성도들 예비처로 가는데 12:6에 그곳에 어떻게 가는지 확인하자.

1) 예비처에 대한 성경근거는 무엇인가?

① 계 12:6 그 여자가 광야로 도망하매 거기서 일천이백육십 일 동안 저를 양육하기 위하여 하나님의 예비하신 곳이 있더라

② 계 12:14 그 여자가 큰 독수리의 두 날개를 받아 광야 자기 곳으로 날아가 거기서 그 뱀의 낯을 피하여 한 때와 두 때와 반 때를 양육 받으매

2) 위 두 성경 구절에 대한 시상 연구

① 계 12:6의 동사의 시상

* 도망하매〈ἔφυγεν 엡휘겐〉은 부정과거직설법3인칭단수동사이다.

* 양육하기 〈τρέφωσιν 트랩호신〉은 현재가정법 능동태3인칭 복수 동사로서 현재 계속적인 상태를 나타낸다.

* 예비하신 〈ἡτοιμασμένον 헤토이마스메논〉은 완료분사 수동태 남성 단수동사로 과거에 완료된 동작이 현재로 지속되는 상태이다.

이상과 같이 과거에 예비하여 과거에 한 번에 도망하였으며, 현재 양육되고 있는 상태를 나타낸다.

② 계 12:14의 동사의 시상

* 날아가는 〈πέτηται 페테타이〉은 현재가정법 3인칭단수 동사로서 현재 계속된 동작을 나타낸다.

* 피하여 〈ἀπὸ 아포.from〉은 속격 전치사이다.

* 양육을 받으매 〈τρέφεται 트레페타이〉은 현재분사 3인칭 단수로서 현재 계속 양육 받음을 나타낸다.

여자는 독수리의 두 날개를 받되 부정과거 수동태 3인칭 복수과거에 받아 현재 계속 날아가 예비처에서 양육을 계속 받는 것이다.

중요한 것은 6절과 14절이 동일하게 과거에 예비된 한 장소로 한번 과거에 날아가 현재까지 양육을 받고 있다는 사실이다. 이것은 세계적인 사건이라 할 수 없고, 이스라엘 나라에서 일어나는 사건이다.

3) 큰 독수리의 두 날개 의미

① 계 12:14 그 여자가 큰 독수리의 두 날개를 받아 광야 자기 곳

으로 날아가 거기서 그 뱀의 낯을 피하여 한 때와 두 때와 반 때를 양육 받으매,

'큰'은 〈 μεγάλου, 메갈루〉로 속격남성 단수형용사이며, '독수리'는 〈 ἀετου '아에투〉로 속격남성단수 명사이며 '두 날개를 받아'에서 '받아' 는 〈 ἐδόθησαν 에데도산〉는 부정과거 수동태 3인칭 복수동사로서 날 아가기 전에 받은 것을 나타낸다. 그렇다면 무엇일까? 독수리가 비행 기일까?

　그렇다면 한대가 되는데 그럴 수 없다. 이것은 상징적인 표현인 것이 다. 성경에 독수리와 관계 교훈이 있는가?

　② 출 19:4 나의 애굽 사람에게 어떻게 행하였음과 내가 어떻게 독수리 날개로 너희를 업어 내게로 인도하였음을 너희가 보았느니라

　이 성경은 애굽에서 이스라엘을 인도해 내신 하나님의 가호와 인도하 심을 상징하고

　③ 신 28:49 곧 여호와께서 원방에서, 땅 끝에서 한 민족을 독수 리의 날음 같이 너를 치러 오게 하시리니 이는 네가 그 언어를 알지 못하는 민족이요

　이 성경은 독수리의 '신속한' 것을 상징하여 바르게 움직이는 동작을 나타내며(삼하 1:23, 욥 9:26),

　④ 사 40:31 오직 여호와를 앙망하는 자는 새 힘을 얻으리니 독 수리의 날개 치며 올라감 같을 것이요 달음박질하여도 곤비치 아니 하겠고 걸어가도 피곤치 아니하리로다

이 성경은 여호와를 앙망하는 성도들의 상승하는 신앙의 능력을 상징함.

그러므로 독수리 날개를 과거에 받은 것으로 성도들의 신앙과 기동성과 하나님의 특별한 가호를 상징하는 것이다. 마치 출애굽 할 때 믿음과 하나님의 가호를 의 한다. 그러므로 비행기를 타고 가는 것도 아니며, 신앙적인 신속한 대이동에 하나님의 보호하심을 나타낸다.

특히 독수리 날개로 날아간 14절의 상태를 6절은 도망하매(ἔφυγεν)로 표현한 것은 부정과거 능동태 3인칭 단수동사인데 신속한 대피상태를 나타낸다.
그러나 이러한 현상은 히브리 땅에 있는 환란 통과 성도들인 것이다. 이유는 두 증인이 사역하다 죽임 당한 장소가 예루살렘이기 때문이다.(계 11:8)

4) 예비처 (단수)에서 양육을 받음은 어떠한 상태인가?

6절에 1260일 동안 양육을 하고 14절은 양육을 받으매로 되어 있다. 6절은 하나님이 양육하기 위한 장소가 예비처이며, 14절은 양육을 받는 것이다.
그러면 양육 받음은 무슨 뜻일까?
τρέφω (트렙호)로서 6절은 하나님의 섭리로서 가정법 현재능동태 3인칭복 수이며 14절은 수동태3인칭 단수동사이다.
이것은 하나님께서 성도들을 양육하려고 하셨고, 14절은 성도 개인 개인이 양육 받아지게 됨을 나타낸다.

그러면 양육이란 무엇인가? 양육하다, 부양하다, 후원하다, 보조하다,

기르다,훈련하다,자라다, 단단하게 하다, 자비를 베풀다, 실컷 먹이다, 영향 분을 공급하다, 기르다는 뜻으로 다양한 영적 훈련과 교육이 있을 것이다. 막연하게 피란만 시켜 주시는 것이 아니라. 영적으로 고도의 성장을 시키시는 하나님의 은총아래 있을 것을 의미한다.

13장 열 뿔 짐승과 666

1-5절 열 뿔과 일곱 머리 짐승과 용과 42개월 협동작전.

6-10절 짐승이 천상 성도를 훼방함과 지상 환란 통과 성도와

싸워 승리함.

11-8절 또 다른 짐승과 먼저 나온 짐승과 협동작전. 그 수는 666

* 짐승=사람=단수 지혜와 총명이 있는 자들의 계산법.

9. 적그리스도 666 〈 주제연구 9 〉

요일2:18 아이들아 이것이 마지막 때라 적그리스도가 이르겠다 함을 너희가 들은 것과 같이 지금도 많은 적그리스도가 일어났으니 이러므로 우리가 마지막 때인 줄 아노라

적그리스도는 사도요한 당시에서 그 기원을 찾을 수 있는데 적그리스도가 나타나는 경우는 그 시대 시대마다 종말을 예고하는 징표로 나타난다. 오늘 우리가 살고 있는 말세도 예외는 아니다. 그러므로 적그리스도를 연구하여 예언된 특징을 확인하기로 하자.

1) 적그리스도는 어떤 실존인가?

적그리스도는 무엇인가? 조직, 기계, 카드, 사람인가? 성경을 기록을 확인하기로 하자.

적그리스도는 $\dot{\alpha}\nu\tau\acute{\iota}\chi\rho\iota\sigma\tau o$"(안티크리스토스)로서 메시야의 적 메시야의 대적으로 말세에 나타날 자, 적그리스도를 의미한다.
이와 같은 언어학적 개념으로서 적그리스도란 그리스도의 원수로서 모든 영.육간 실존을 망라한 의미인 것이다. 적그리스도가 무엇을 하는 존재인가 성경에서 확인하자.

① 요일 2:22 거짓말 하는 자가 누구뇨 예수께서 그리스도이심을 부인하는 자가 아니뇨 아버지와 아들을 부인하는 그가 적그리스도니

예수님이 그리스도임을 부인하는 거짓말 하는 자가 적그리스도이다.

② 요일 2:26 너희를 미혹케 하는 자들에 관하여 내가 이것을 너희에게 썼노라

이 적그리스도는 성도를 미혹하는 인간들이다.

③ 요일 4:3 예수를 시인하지 아니하는 영마다 하나님께 속한 것이 아니니 이것이 곧 적그리스도의 영이니라 오리라 한 말을 너희가 들었거니와 이제 벌써 세상에 있느니라

예수님을 시인하지 아니하는 영이 적그리스도 영인데, 사도 요한 당시에 벌써 존재 했었다.

④ 요이 1:7 미혹하는 자가 많이 세상에 나왔나니 이는 예수 그리스도께서 육체로 임하심을 부인하는 자라 이것이 미혹하는 자요 적그리스도니

예수님이 현재 육체로 임하심을 부인하여 미혹하는 자가 적그리스도이며, 요한 당시에 많이 나타났다.

⑤ 요일 2:18 아이들아 이것이 마지막 때라 적그리스도가 이르겠다. 함을 너희가 들은 것과 같이 지금도 많은 적그리스도가 일어났으니 이러므로 우리가 마지막 때인 줄 아노라

사도 요한 당시에도 적그리스도가 많이 나타났는데, 사도 요한 시대의 마지막 때였다.

적그리스도는 예수님에 대하여 원수로 행하되, 예수님이 그리스도 메시야이심을 부인하고, 육체로 임하심을 부인하고 거짓말로 미혹하는 자들로 의미한다. 그러나 계시록에는 적그리스도라는 용어는 나타나지 아니하나, 적그리스도가 실제로 있을 것이다.

2) 다니엘과 계시록 예언에서 나타난 적그리스도의 실체

첫째; 짐승과 666의 적그리스도는 7년 대환란 기간 중에 후3년 반 기간이다. (계 11:3~13, 12:6)

둘째; 후3년 반은 7째 나팔 사건인 셋째 화 기간이다.
(계 11:14~15)

셋째; 짐승과 적그리스도 출현은 예비처 보호사건 후 일어나다.
(계 12:6)

넷째; 단 7:25의 성도를 박해하는 짐승은 열 뿔 중에 3뿔을 복종시킨 열한 번째 다른 뿔(단 7:20~21)이며, 환란 통과 성도와 관계 있다.

다섯째; 단 8:2의 두 뿔난 수양을 정복한 한 뿔 가진 수염소가(단 8:5~7) 큰 뿔이 꺾이고, 대신 4개의 뿔이 나고, 그 4개 중에 하나에서

작은 뿔이 나서 환란 통과 성도들과 성전 봉사 하는 성도들을 박해한다.(단 8:10~14) 이 기간이 7년 대환란 기간인 2300일이다.

여섯째: 장차 한 왕이 이스라엘 많은 사람들과 언약을 굳게 정하고 전3년반 말기인 7년 절반에 히브리인의 성전 봉사를 금하고, 미운 물건으로 세워진다. 이러한 왕이 짐승이며, 적그리스도이다.(단 9:27)

일곱째; 계 13:1에 한 짐승이 열 뿔을 가지고, 머리가 일곱에 면류관을 쓰고 나타난다. 여기 짐승 〈θηρίον 데리온〉은 사납고 독이 있어 위험한 동물 또는 짐승이나 맹수 야수를 의미하므로 단수이며, 이 짐승은 뿔 (왕)이 나타난 나라이며, 왕이라 믿어진다.

이 짐승은 통치자 왕의 성격을 규정하는 것으로 하나님의 훈계를 싫어하며(잠 12:1), 존귀에 처하나 깨닫지 못한 자요(시 49:20), 우매무지하며 (시 73:32), 네 왕이며(단 7:17), 나라이며(단 7:23), 이 짐승은 잡아 죽이기 위한 존재요 (벧후 2:12), 멸망할 존재이다.(계 17:11) 이 일곱 머리 열 뿔 짐승은 후에 편승할 음녀에게 조종될 자이다(계 17:7~13) 그리고 어린양이신 주님과 대적하여 싸울 자로 적그리스도이다.(계 17:13~14)

여덟째; 이 일곱 머리와 열 뿔 가진 짐승은 몸이 표범 비슷하고, 발은 곰 발 같고 입은 사자 입 같은데, 용(사단)이 그에게 왕자와 권세를 주어 세움을 받은 나라요 왕이다.

아홉째; 7나팔 후이며 후3년 반 기간으로 열 뿔, 일곱 머리 마귀에게 권세를 받은 짐승이 아닌 다른 짐승(단수)이 나타나는데, 새끼 양 같이 생겼으나 새끼양이 아닌 것이 나타나 용처럼 말하는 자로서, 이 짐승은 그리스도 예수를 모방한 양과 비슷한 자이다 뿔이 두 개가 나 있었다.(계 13:11)

이것은 계 17:6, 9~12에 의하면 일곱 머리와 열 뿔 짐승을 탄 성도들의 피로 과거에 취한 자요 집단이다. 여기 '취한지라'는 부정과거 능동태 여성단수이므로 열 뿔을 탈 때는 이미 성도들의 피에 취한 후에 일이다.

열째; 새끼양 같은 사이비 기독교 집단인 짐승이 먼저 나온 열 뿔과 일곱 머리 짐승의 모든 권세를 열 뿔 짐승 앞에서 행하며 일곱 머리 중에 죽게 되었다가(계 13:3~4) 살아난 짐승을 경배하게 하였다.(계 13:12)

열한째; 이 새끼 양 같은 짐승이 큰 이적을 행하되 엘리야의 기도응답 같은 이적을 행한다.(계 13:13, 살후 2:9-10)

열둘째; 새끼 양 같은 기독교를 가장한 자가 7머리 중 죽었다가 살아난 자 짐승을 위하여 우상을 만들게 한다.

그러니까 새끼 양 같은 짐승이 10뿔 짐승 중에 상하였다가 살아난 짐승을 위하여 이적을 행하며 땅의 사람들을 미혹하고, 우상 까지 만들어준다.(계 13:14)

열세째; 새끼 양 같은 짐승이 죽었다가 살아난 짐승의 우상에게 생기를 주어 우상이 말하고, 우상 경배를 강요하고, 아니하는 자에게는 죽이게 종용한다.(계 13:15)

열넷째; 새끼 양 같은 짐승이 죽었다 살아난 짐승의 표를 모든 인간들에게 이마에나 손에 받게 한다.(계 13:16)

열다섯째; 새끼 양이 '짐승의 이름' 표를 가진 자만 매매를 하게 한다. 그런데 이 표는 짐승의 이름이며, 그 이름의 수로서 여기의'수' 는 ⟨ἀριθμό" 아드리모스⟩로 대격남성 단수이다. 또한 짐승도 단수이며 이름도 단수이다. 그러므로 여기의 짐승의 이름은 단수이며, 숫자로 표현되었으나, 그 수도 단수이며, 복수를 나타내지 아니한다.(계 13:17)

열여섯째; 새끼 양 같은 짐승이 아닌 '짐승의 수'는 사람의 수인데 이 사람은 ⟨ἄνθρωπο" 안드로포스⟩로서 속격중성단수이다. 그리고 666

인 '수'는 주격남성 단수명사이므로 666은 죽었다가 살아나서 새끼 양 같은 짐승의 후원을 받은 짐승의 이름이며, 그 이름의 수로 표시된 것이다.(계 13:18)

열일곱째; 큰 바벨론이란 땅의 음녀들의 어미가 붉은 빛 짐승을 탔는데 (계 17:3~5) 붉은 빛 짐승은 일곱 머리 열 뿔 가긴 짐승으로서(계 17:7) 그 비밀은 이러하다.

사도 요한이 본 짐승(붉은 빛 짐승)은 일곱 머리와 열 뿔인 짐승으로 전에 있었던 것인데, 사도 요한이 아는 대로 과거에 속한 것이며'전에 있었다가'는 직설법미완료능동태 3인칭단수동사이다. 그러니까 사도 요한 당시 이전에 한번 있었던 사건이었는데'장차 올라올 자'는 현재 능동태 3인칭단수로서 요한 당시에 올라오고 있었으며(계 17:8), 일곱 머리는 큰 바벨론이란 음녀들의 어미가 앉은 일곱 산이요, 또 일곱 왕이며(계 17:9), 다섯은 망하였고, 하나는 있고, 다른 이는 아직 이르지 아니하였고, 이르면 잠간 동안 계속하다가 없어질 것이며, 전에 있었다가 시방 없어진 짐승은 8째 왕이며, 7왕에게 속한 자이고 멸망으로 들어갈 자이다.(계 17:10~11) 그리고 요한이 본바 10뿔은 요한 당시에 나타나지 아니한 열 왕으로서 이 열 뿔 열 왕이 666 짐승에게 임금처럼 권세를 잠시 동안 받고 자기 능력과 권세를 짐승 666에게 준다. 그리고 어린양이신 만주의 주와 싸운다.(계 17:11~14)

그러므로 열 뿔인 열 왕과 죽었다 살아난 짐승인 666은 '일시동안' 권세를 받고 나타났다가 멸망한다.

이것은 후3년 반의 기간 사건이다. 그러므로 새끼 양 같은 짐승과 결합될 열 왕과 죽었다가 살아난 왕이 앞으로 결탁하여 환란 통과 성도를 박해하고, 인간을 통치할 것이며, 히브리인과 평화를 계약하고, 후3년 반인 이레 절반에 반역하게 될 것이다.

14장 십사만 사천 (144,000)

(천상성도 144,000과 천상의 경고와 명령)

1-5절 144,000성도와 노래.

3 절의 땅에서 '구속함을 얻은' 완료수동태 복수동사로서 과거에

완료된 동작이 현재 상태로 나타난 것이기 때문에 계14장에서

휴거를 주장하는 막간(중간) 휴거설은 잘못된 해석이다.

이들은 계 7:9, 13-14의 휴거 성도들인 것이다.

6-8절 천사가 전하는 영원한 복음과 큰 성 바벨론의 멸망.

9-12절 영원한 고난과 성도들의 인내의 가치.

13절 일차 부활을 위한 자는 성도들의 소망.

14-16절 환란 통과 성도들을 거두어 보호하심.

17-20절 말굴레까지 피가 고인 1,600 스타디온의 형벌.

15장 대접을 인수하는 7천사 (후3년반 셋째 화 기간)

1-4절 마지막 일곱 재앙과 지상 성도들의 찬양.

5-8절 일곱 재앙인 일곱 금 대접 인수식.

16장   일곱 대접 심판

1-2절 첫째 대접 심판 사건 : 대접을 땅에 쏟으매 악하고 독한 헌데

가 짐승의 표를 받은 사람들과 우상에게 경배하는 자들에게 나타남

3절 둘째 대접 심판 사건 : 대접이 바다에 쏟아짐. 바다가 죽은

자의 피같이 되고 바다가운데 모든 생물이 죽음.

4-7절 셋째 대접 심판 사건 : 강과 물 근원에 쏟아짐. 선지자들과
성도들의 피를 흘렸으므로 마시게 하는 하나님의 의로운 심판임을
물 맡은 천사가 찬양함.

8-9절 넷째 대접 심판 사건 : 해에 쏟아짐. 태양이 권세를 받아
불로 사람을 태움. 재앙을 행하는 권세를 가지신 하나님을 훼방
하며 회개치 아니함.

10-11절 다섯째 대접 심판 사건 : 짐승의 보좌에(짐승의 국가권좌)
쏟아짐. 그 나라가 어두워지며 아파서 자기 혀를 깨물고 종기로
인하여 하나님을 훼방하고 회개치 않음.

12-16절 여섯째 대접 심판 사건 : 큰 강 유브라데에 쏟아짐.
아마겟돈 준비.

12절 유브라데의 강이 말라 왕들의 길이 예비됨.

13절 개구리 같은 더러운 영들이 짐승의 입과 거짓 선지자의 입에서
나옴

14-16 절 이적을 행하며 큰 날에 전쟁을 위하여 아마겟돈으로 모임

17-21절 일곱째 대접 심판 사건 : 공기가운데 쏟아짐. 만국의 멸망.

18-19절 번개와 음성과 뇌성이 있고 큰 지진으로 큰 성이 세 갈래
로 갈라져 만국의 성들이 무너지고 바벨론이 기억됨.

20 절 맹렬한 진노의 심판으로 섬과 산악이 간데 없고 한 달란트
되는 우박이 떨어짐.

17장 음녀를 이긴 만왕의 왕

(일곱 대접심판의 기간에 속한 후삼년 반 종반. 19:21까지)

1-5절 짐승을 탄 큰 음녀의 죄악.

6 절 성도들의 피에 취한 자들.

7-13절 여자를 탄 일곱 머리와 열 뿔의 비밀.

14 절 어린양의 승리. 19:1-11에서 어린양 예수님이

전쟁에서 승리하실 것을 예언함.

15-18절 열 뿔과 음녀와의 분쟁과 멸망.

18장 큰 성 바벨론의 멸망

(천상 성들의 위로와 지상문명이 멸망하고 지상 성도들이 보호 받는다.)

1-3절 큰 성 바벨론 음녀의 죄상과 멸망.

4 절 지상 성도에게 권면하심.

5-8절 음녀 바벨론의 교만한 죄악과 보상.

9-10절 같은 음행에 동참한 왕들의 고통.

11-19절 음녀와 무역하던 영업내용과 업자들의 통곡.

20 절 성도들을 위로하심.

21-24절 바벨론 성이 완전히 멸망한 상태.

19장 만왕의 왕(인류의 멸망)

1-3절 천상 성도들이 음녀 멸망에 대하여 하나님께 찬양.

4-5절 24장로와 네 생물의 경배와 찬양.

6-8절 천상 성도들의 찬양.

7절의 어린양의 혼인 기약이 '이르렀고'와 그 아내가 '예비되었으니'
는 모두 부정과거 능동태 3인칭 단수로서 지금은 제7대접 심판 기간
(계 16:17)이며, 이 때 이미 어린양의 혼인 기약이 부정과거로 과거
에 이루어졌고, 또한 어린양의 아내가 예비되었으니 '부정과거'로
과거에 이미 예비된 것이다. 대환란 통과 휴거를 주장하는 분들은
여기서 휴거가 준비되는 것으로 해석하지만 전혀 그렇치 않고 과거에
준비된 것을 나타내고 있다. 그러면 '부정과거' 시기라면 언제인가?
6째 인 개봉사건 기간인 계 7:9-14에서 이미 일어난 것이다.

9-10절 천사와 계시록 인간저자 요한과의 대화.

여기에 '청함입은'은 ⟨καλέωκεκλημένοι⟩로서 완료수동태 복수동
사 시상이므로 대환란 말기에 청함을 받은 미래가 아니며,
과거에서 완료되어 현재에 진행된 상태(분사)이다. 그러므로
대환란통과 후 휴거설은 잘못 해석한 것이다.

그러면 언제 청함이 완료되어 현재까지 진행되고 있는가?

그것은 계7:9-14인 제6 인 개봉사건의 기간이다.

11-16절 피 뿌린 옷을 입은 만왕의 왕.

14절은 백마를 타신 주님을 백마를 탄 하늘군대들이 따르는 것으로
'따르더라'는 미완료 능동태인 3인칭 단수로서 주님의 진노하시는
심판이 미완료 상태에서 현재 계속되는 것이며, 휴거가 아니다.

17-21절 인류 역사의 지상 최후 멸망과 새들의 인육 잔치.

10. 휴거 성도의 영적 상태와 7년간 영계 상태
〈주제연구 10〉

1) 휴거 성도의 영적 상태

성도가 휴거되는 때의 영적인 상태에 대한 구체적인 성경의 교훈들이다. 고전 15:51 주님 안에서 죽은 자 곧 잠자는 자들이 순식간에 홀연히 변한다. 여기에 '순식간'은 $\dot{\alpha}\tau\acute{o}\mu\omega$, $\dot{\epsilon}\nu$(아토모 엔)으로 〈$\ddot{\alpha}\tau o\mu o$" 아토모스 분리 할 수 없는, 매우 작은, 극소한, 순간〉는 시간을 더 이상 나눌 수 없는 순간인데, 그러한 순간에 부활의 역사가 일어나는 것이다. 그리고 '홀연히'는 〈$\rho\iota\pi\eta$ '/호리페 빠른 동작, 즉시 + $\dot{o}\phi\theta\alpha\lambda\mu ov$',옵달무〉로서 더 이상 나눌 수 없는 시간의 원자단위 시간으로 지체하거나 측정할 수도 없는 순식간에 변한다.

그런데 변화는 범위는 그리스도 안에서 죽은 자는 잘 믿던 좀 부실하던 요 3:3~6, 16절의 거듭난 사람들은 다 ($\pi\alpha$'" 파스;전체,다,모든)로서 형용사적 대명사로서 주격남성 복수이며 어떤 교인은 빠지고 낙오되는 것이 아니라 '모두'를 의미한다. 그러므로 잘 믿는 자는 들림 받는다는 제한 휴거론은 잘못 해석한 것이다.

그리고 '변화하리니'는 〈 $\dot{\alpha}\lambda\lambda\alpha\gamma\eta\sigma\acute{o}\mu\epsilon\theta\alpha$ 알앗소〉로서 미래수동태 일인칭 복수동사이며 그 의미는 다르게 만들다, 변경하다, 개조하다, 고치다, 교환하다, 변경시키다' 는 뜻이다. 그러니까 휴거될 때는 예수님을 구주로 믿고 영이 구원된 자들로 모든 자들 개개인이 썩을 육체와 다르게 만들어지는 변형이 시간의 원자단위 안에서 일어나게 된다.

① 고전 15:52 나팔 소리가 날 때 썩지 아니할 것으로 다시 살고 살아 있는 우리도 변화한다는 것이다. 여기의 나팔은 심판의 나팔

인 계시록의 나팔이 아니다. 이 나팔은 살전 4:16의 영광스러운 임재와 부활 변화에 대한 나팔이다. 그 이유는 계시록의 나팔 기간에는 휴거가 없기 때문이고, 계 7:9~14의 휴거 시기는 계 6:12의 6째 인봉을 뗄 때이기 때문이다.

② 고전 15:53 휴거되는 육체가 썩지도 않고 죽지도 아니할 것으로 변한다고 교훈하고 있다. 여기의 '썩을' 은 <$\phi\theta\alpha\rho\tau\acute{o}$" 프달토스>로 쇠퇴한, 깨지기 쉬운, 썩어질, 멸망될, 파멸될 등의 의미의 상태로서 썩을 인간이 '썩지 아니할' <$\dot{\alpha}\phi\theta\alpha\rho\sigma\acute{\iota}\alpha$ 압달시아>로서 썩지 않음, 영원한 존재, 순수, 불멸 이란 뜻의 상태로 휴거 부활시에 인간이 변화하는 것이다.(54, 55, 사 25:8) 그러면서 살아남은 자도 그와 같이 변한다.

③ 고전 15:42-휴거시 성도의 육체와 영과 결합된 상태이다. 영육간에 각각 썩거나 변질되지 않는 영적 상태로 부활 변화 한다.

④ 고전 15:43 욕된 것으로 죽고 영광스러운 것으로 다시 살고 약한 것에서 강하게 되는 것이 휴거시 성도의 영적 상태이다. 그러니까 영광스러운< $\delta\acute{o}\xi\alpha$ 독사> 거룩, 위엄, 영예, 찬양의 상태로 변화되고 놀라운 강력한 능력을 소지하고 부활한다.
그러므로 휴거를 당한 모든 성도는 다 영광스럽고 강한 성도가 된다. 물론 성화의 정도에 따라 다르다.

⑤ 고전 15:44 육의 몸으로 심고 신령한 몸으로 다시 살아나는 휴거이다. 여기에 '육의 몸' 은 <$\sigma\omega$' $\mu\alpha$ 쏘마 + 푸시키콘>으로서 감각적인 육의 속한 몸에서 '신령한 몸' <$\sigma\omega$' $\mu\alpha$

πνευματικόν 쏘마 퓨뉴마티콘>으로서 영적이며 초자연적인 몸으로 부활한다. 성도의 휴거는 놀라운 상태의 몸을 가지게 된다.

⑥ 고전 15:49 성도는 휴거시에 하늘에 속한 형상을 입는다. 하늘에 속한 자는 하나님을 위시하여 천사들인 것이며, 그와 같은 모양으로 변화되어 살아나고 변화된다.(고전 15:48)
그러므로 현재는 나타나지 아니한 상태이지만 하나님의 자녀로서 주님이 나타나시면 그와 같은 영광스러운 모습이 될 것이다.(요일 3:32)

⑦ 빌 3:21 예수님의 영광의 몸의 형체와 같이 변게 할 것이다. 이 소망은 너무나 놀라운 것이다. 여기 '낮은 몸'은 <τὸ σω'μα τη'" ταπείνωσι" 타페이노시스>로서 '낮은'은 속격 여성단 수명사이며, 억압, 굴욕, 낮은 신분, 비천한, 창피의 상태인 낮은 몸의 신분에서 주님의 영광의 몸인 형체<σύμμορφον 쉼몰폰 같은 모양을 한, 비슷한, 본받는>로 성도가 변화는 것이다.

휴거의 사건과 성도의 변하는 참으로 영광스러운 것이다. 그러므로 이러한 인격이 성령님의 의하여 예수님의 형상(εἰκών)으로 화하여 (μεταμορφόω 메타몰포), 이러한 상태로 바뀌어 지는 것이다. 성도들이 휴거 될 때는 예수님의 영광의 상태로 계속 변화면서 바뀌어 진다. 이것이 성도들의 영적 상태이다.

⑧ 눅 20:35, 36 이러한 신령변화체로 된 성도는 휴거된 후에 장가들고 시집가는 지상 생활은 다시없으며, 죽을 수도 없고, 천사들과 동등이다. 이것은 신분상의 동등이 아니며(히 1:14), 여기에 동

등은 $\epsilon i\sigma\iota\nu$ (에이신)으로서 현재능동태 3인칭 복수동사로서 '그들은 ~이다'의 뜻으로 천사 실존과 같은 실존이 된다.

그러므로 휴거될 모든 성도는 놀라운 하나님의 자녀로서 영광스런 몸으로 변화될 것이며, 죽을 수도 없는 영광스러운 실존이 되어진다. 천국의 성원이 되었으며 천국에서 생활하는 것이다. 그러므로 성도들이며 나를 구속하신 주님의 복음인 요한계시록의 진리를 전하며, 하나님의 비밀을 전하며, 소망 중에 힘 있게 살아가는 여러분이 되기를 바란다.

2) 휴거 성도들의 7년간 영계 상태

계 7:9~14의 6인봉 사건 후에 일어난 휴거로서 천국에 들림 받는데, 이후 7년간 지상에서는 죄악 세상에 대한 심판형벌이 진행되는 이 기간에 휴거된 성도가 하는 일은 무엇이며, 생활 상태는 무엇인가 연구하기로 하자.

첫째 – 살전 4:17 이 말씀에서 휴거 방법은 주님이 '끌어올리'는 방법으로서 이 용어는 $\alpha\rho\pi\alpha\zeta\omega$ (알파조)로서 잡다, 취하다, 잡아채다, 끌어당기다, 강제로 취하다, 끌어가다, 채어가다(저항할 수 없는 동작) 등의 상태의 동작으로 강제로 저항할 수 없게 끌어 당겨 올라가는 것을 의미한다. 이것은 주님이 전능으로 하시는 일로서 무한한 은총인 것이다.

둘째 살전 4:17에 공중에서 주님을 만난다. 주님을 만나는 장소는 공중이다. 이 공중은 $\epsilon i'' \alpha\epsilon\rho\alpha\cdot\epsilon i''$(에이스 아에라)로서 주님이 대기권이 공중에 까지 오셔서 주 믿는 성도들을 영접하여 주시는데, 그 공중은 단수이다.

그리고 '영접하게 하시리니'는 εἰ" ἀπάντησινεἰ" (에이스 아판테신)으로서 대격여성 단수명사이며 만남, 상봉, 해후를 의미하며 이렇게 공중에서 만난 이후는 보좌로 인도하시는 것이다. 계 7:9~14이 이 사실을 증거 한다. 그러므로 천국과 지구 사이에 대기소 같은 것을 인간이 만들 필요가 없는 것이다.

그 증거는 '주와 함께 있으리라'는 말씀에서 분명한데 '함께'인 σὺν (쉰)은 함께, 동참, 교제, 도움, 곁에, 같이의 뜻으로 보좌에 계신 주님과 함께 보좌에서 7년 대환란 기간 동안 머물게 된다(히 1:8, 8:1, 12:2, 계 3:21, 22:1, 3, 눅 22:69, 행 2:35, 7:55, 56, 롬 8:34, 골 3:1, 히 1:3, 13, 10:12, 12:2, 벧전 3:22)

셋째 계 7:10은 휴거시 주님이 대기권까지 오셔서 영접하여 보좌로 인도된(계 7:9) 후 성도들이 큰 소리로 '구원하심이 보좌에 앉으신 우리 하나님 곧 성부와 어린양에게 있도다.' 라고 외친다. 휴거 성도가 할 일은 찬양이다.

넷째 계 11:15은 7째 천사의 나팔이 울리며, 세상나라가 그리스도의 나라가 되어 세세토록 왕 노릇함을 찬양하였다.

다섯째 계 14:3은 먼저 후3년 반 기간에 영계 하나님 보좌 앞에서 계 7:9~14에서 휴거된 땅에서 구속함을 받은 성도가 새 노래로 하나님께 찬양을 하며, 땅에서 구속함을 받은 총수로 상징된 140,000이 영광을 돌리었다,
이에 화답하여 땅에서도(계 15:2~4) 또한 찬양으로 화답하였다.
이들은 환란 중 전3년반 말기인 계 11:13에서 출현한 성도들로 예비

처에서 공의 심판을 찬양한 것이다.

　여섯째　계 19:1~2은 7년 대환란 심판의 마지막이 다가올 때 천상 성도들이 찬양을 한다. 이것은 구원과 영광과 능력이 하나님께 있음과 하나님의 심판이 의로움과 참되심과 그리고 지상에 있을 때 흘린 종들의 피를 보수하심을 찬양하는 것이다.

　이상의 연구 내용이 7년 대환란 기간에 천상보좌에서 휴거된 성도들이 행하는 일들이다. 예수님의 보혈로 구속함을 얻은 하나님의 자녀들이 아침에도 찬양! 한 낮에도 찬양! 저녁에도 찬양! 드려야 할 가치가 여기에 있다.

11.　어린양의 혼인은 무엇인가? 〈주제연구 11〉

　이 주제는 참으로 심각한 문제이다. 우리는 지상에서 결혼식을 의미하는 것으로 생각하며, 신랑이 예수님이라 할 때 성도들이 모두 신부라면 문제가 있지 않느냐 하는 것이기 때문이다. 성경을 확인하자.

　① 마 22:30, 눅 20:35　성도들이 부활한 후 휴거가 되면 천사와 동등이며(눅 20:36), 부활의 자녀로서 죽을 수도 없고, 시집가거나 장가가는 일이 없다고 주님이 말씀하시므로 ‘혼인 잔치’ 라고 할 때 지상에서 결혼식과 같은 것이 아니며, 그런 결혼은 영계에서는 없다. 요 3:29에서 세례 요한이 예수님을 신랑이라고 했고, 신부는 성도로 신부도 단수이며 신랑도 단수이다.

　② 계 19:7의 어린양은 단수이며, ‘아내’ 도 주격 여성 단수이다.
　③ 계 19:9는 어린양은 단수이며, 청함을 받은 자들은 복수이고,

결혼잔치는 단수이다. 여기의 혼인 잔치는 먹는 정찬, 연회를 의미한다.

③ 계 21:9의 신부는 νύμφη (뉨프헤)로서 여성단수 신부이며, 아내는 γυνη(귀네)로서 여성 단수이고, 어린양이 단수이다

④ 계 21:10은 어린양의 아내(단수)를 보여 주는 것이 거룩한 성 예루살렘으로 성(城)도, 예루살렘도 단수로서 이는 신부인 어린양의 아내를 대표한다. 그러므로 어린양의 혼인 잔치와 결혼은 지상의 육적 결합과 같은 부부와의 관계가 아니다.

어린양은 예수님이시며, 신랑이시고, 성도의 옳은 행실로 단장한 어린양의 아내는 단수이므로 아내는 개인이 아니라, 성도들 전체를 의미하며, 휴거된 성도들인 천상 교회를 예표하며, 예수님이 내 안에 내가 예수님 안에 있는 신비한 영적 관계를 의미하며, 이는 마치 거룩한 성 예루살렘은 성도들인 신부이고, 그 성 안에 어린양이 성전이 되시는 관계를 의미한다.

그러므로 어린양의 혼인 잔치는 성도와의 영적인 관계를 의미하는 것이다.

12. 혼인식은 언제인가? 〈주제연구 12〉

(휴거 성도의 7년간 영계에서 생활은 혼인식인가 시상식인가?)

이는 하나님께서 어떻게 휴거 성도들을 대하시는가를 확인하므로 연구될 수 있을 것이다.

① 계 6:9-11은 휴거되기 전에 순교한 영들이 제단 아래에서 호소하는 장면과 하나님의 예배로서 아직 부활이나 휴거되지 아니하였으며, 흰 두루마기를 보상하시고 잠시 동안(χρόνον크로논-때, 기회) + (μικρόν,미크론-가장 작은, 짧은, 잠시) 로서 대격남성 단

수형용사로서 아주 짧은 시간 동안 성도의 환란 중에 순교자의 수가 차기 까지 쉬게 하였다.(미래중간태 3인칭복수동사)

이상의 내용은 제6째 인봉 기간에 성도의 순교가 있을 기간으로 '잠시 동안' 이며 7년이 아니다.

② 계 7:9~14까지 휴거된 성도들에 대하여 영계 보좌에 계신 어린양이 목자가 되셔서 생명의 샘으로 인도하시고 그리고 위로해 주신다. 이 말씀에 보면 휴거된 자들은 하나님 보좌 앞에 있는데 여기 '있는' 은 εἰσιν(에이신)으로서 현재능동태 3인칭복수로서 제6인봉 뗀 후 제7인봉을 개봉하기 전에 이미 현재 보좌에 있는 자들로 휴거된 성도들이 밤낮으로 하나님을 섬기고 있다.

여기에 섬김은 λατρεύουσιν(라트류우신)으로서 현재능동태 3인칭복수동사이다. 그러므로 이미 7째 인봉 떼기 전(계 8:1)에 밤낮 예배를 드리고 있었다. 그래서 하나님이 장막을 치시려(미래능동태 3인칭단수동사)고 하신다.

그리고 주님이 생명수 샘으로 인도하시고 ὁδηγήσει(미래능동태3인칭단수동사) 눈물을 씻어 주신다.(ἐξαλείψει 미래능동태 3인칭단수동사)

이와 같은 해석적 의미에 의하면 6째 인봉 후 보좌에 나타난 성도들이 그 당시 현재로는 안식처인 영적인 장막이 없이 아직도 눈물을 흘리며 예배하고 있었으며, 그 후에 주님이 인도하시되 목자로서 계시게 된 것이다.

③ 계 11:18은 영계의 상황이며 모든 성도들에게 상을 주시되 여

기에 주시는 것은 $\delta i \delta \omega \mu \iota$ (디도미)로서 부정과거 부정법으로서 과거에 일시적으로 상을 주심을 나타낸 것으로 7년 대환란 중 후3년반이 시작되며, 상을 주시는 것으로 나타난다. 그 이유는 계 11:15에 일곱째 천사가 나팔을 분 후에 일어난 천상의 음성이기 때문이다. 그러므로 영계의 성도들에게는 후3년반 시작시에 시상식이 있어진다. 이때는 계 22:12에 의하여 주님께서 성도들에게 각 사람의 일한 대로 갚아 주시는 것이다.

④ 계 12:12은 하늘과 그 가운데 있는 자들에게 즐거워할 것을 권면한다. 이것은 성도들이 원하는 소원이다.

⑤ 계 19:7에 혼인 잔치와 어린양의 아내가 예비되었음을 인하여 하나님께 영광을 돌리라고 한다.

이 부분은 계 11:15의 제7 나팔을 불고 후3년반 기간 중에서 말기 부분이며 이때에 비로소 나타난 것이다. 그러므로 계 19:7 현재까지는 혼인 잔치는 없었던 것이다.

7절에 혼인 기약이 '이르렀고' 는 $\eta \hat{}\lambda \theta \epsilon \nu$ (엘덴)으로서 부정과거 능동태 3인칭 단수동사로서 이미 혼인 기약이 확정된 것이며,또한 어린양의 아내가 '예비되었는데' $\dot{\eta} \tau o i \mu \alpha \sigma \epsilon \nu$ (헤토이마센) 이 경우도 부정과거능동태 3인칭단수로 '아내' 가 주격여성단수명사로 전 성도들 즉 휴거 전 성도들의 전체를 의미하며 휴거성도들이 아내이다. 그러나 아직 혼인식은 되어 있지 않다.

신부가 예비만 된 것이다.

⑥ 계 19:8은 어린양의 아내에게 허락하사 세마포 옷을 입게 하셨은즉(부정과거 가정법 3인칭단수) -이미 일시적으로 신부복장을

입은 것이다. 그런데 입은 세마포는 성도들의 옳은 행실로서 현재 능동태 3인칭단수동사에 대한 것이다.

다시 말하면 계 22:12의 행한 대로 갚아주시는 세마포 옷이며, 신부의 단장이 된다. 그러나 혼인 잔치는 이루지 못한 상태이다. 신부 단장이다. 이 경우에는 특수 성도라는 어떤 것이 전혀 아니다.

⑦ 계 19:9은 어린양의 혼인 잔치에 참여하는 자가 복이 있다고 함으로서 9절은 현재 혼인식이 이루어지지 아니했으며, '청함 입은' 것은 κεκλημένο. (케클레메노이)로서 완료분사수동태 남성 복수동사이므로 과거에 청함 받은 것이 현재도 그 효력이 지속 되는 상태이므로 문법상 아직 결혼식은 아니 된 것이다.(청함 받은 복을 말함)

⑧ 계 21:9~10은 계 16:17까지 일곱 대접 재앙을 쏟은 그간에 대접을 관리하는 천사들이 사도 요한과 대화를 계속하며, 19:9에서 혼인 잔치에 대하여 말하면서 계 21:9-10에 상세히 설명하는데, 여기서 비로소 어린양의 아내 곧 신부가 출현한다.

 그리하여 천사는 환란 후3년반 말기 중에서 '어린양의 이내를 보이리라' (21:9)고 하였다.

그런데 보이는 동사의 시상이 δείξω (데익소)로서 미래 능동태 3인칭 단수로서 계 19:8~9보다 좀 더 후에 보여주되, 미래에 아내를 보여 주시는 것이다.

그런데 보여 준 것은 하나님께로부터 하늘에서 내려오는 거룩한 성 예루살렘을 보여 주었다 − 이러한 상태는 결혼식이 지나간 것이 된다.

그러면 언제 되어 졌는가?

　⑨ 계 21:9~10은 어린양의 아내가 단수이며 거룩한 성 예루살렘으로 표현된 것이다(21:2). 여기서 한 가지 정리할 것이 있다. 성도들의 만남인 혼인식이 후3년 반이 마칠 즈음에 예비되었으며, 1000년 왕국 후에 어린양의 아내를 보여 준 계 21:9~10에 의하여 7년 대환란 종결과 1000년 왕국 사이가 혼인식 시기가 아닌가 생각한다.

　⑩ 계 19:7에 '혼인기약이 이르렀고' 하였음으로 대환란이 끝나자마자, 슥 12:8~14의 환란 통과 유대인들의 남은 자 회개 역사 직후에 이루지는 것이 아닐까 한다. 그 후 주님께서 지상 재림 하지 않을까 생각한다.

그러므로 7년 대환란 기간은 위로와 보상의 시기이며(한편 땅에서는 죄악 세상을 심판하심)7년 대환란 후가 혼인이 될 것이다.

13. 주 예수 그리스도의 재림 〈주제연구 13〉

　막 14:6 예수께서 이르시되 내가 그니라 인자가 권능자의 우편에 앉은 것과 하늘 구름을 타고 오는 것을 너희가 보리라 하시니

　주님의 재림에 대하여 많은 오해와 이단설이 난무하여 선한 목자 목자들과 성도들이 무엇을 어떻게 믿어야 할 것에 관하여 혼란이 일어나고, 진리의 강단은 거짓말로 얼룩지고 있음으로 심각한 일이 아닐 수 없다.

1) 재림의 정의

　행 1:11 가로되 갈릴리 사람들아 어찌하여 서서 하늘을 쳐다 보느냐 너희 가운데서 하늘로 올리우신 이 예수는 하늘로 가심을 본 그대로 오

시리라 하였느니라

주의 임하심(마 24:3)과 오심(오시리라. 행 1:8)은 무엇인가?
'오심'은 〈ἔρχομα; 엘코마이〉로서 오다, 동반하다, 나타나다는 의미이며, '임하심'은 〈παρουσία 파루시아〉로서 출현, 강림, 임재, 도래의 의미다. ἔρχομαι-마 24:30, 42, 43, 46, 48, 막 9:1, 눅 22:18, 요이 1:7, 계 3:11 등에 παρουσία - 마 24:3, 37, 39 등에 사용되었다.
　예수님의 재림은 성도를 동반하고, 이 땅에 다시 오심인 것이다.

2) 주님 재림 시기에 대한 성경교훈

　주님의 재림 시기에 관한한 성도이면 누구나 관심사가 아닐 수 없다. 그러나 성경의 범위를 넘어서는 것은 미혹된 상태이다. 성경에 기록된 대로 믿으면 온전한 믿음임을 명심해야 한다.

　① 마 24:3　제자들이 감람산에 앉으신 주님께 주의 임하심과 세상징조를 물었는데, 주님은 징조만 대답해 주시고 대는 대답지 않으셨다 이유는 제자들이 알 일은 징조이지, 때가 아니기 때문이다.

　② 마 16:27　주님의 임하심인 재림은 영광으로 천사들과 함께 오실 때 각 사람의 행위대로 보상한다고 하셨으나, 때는 말씀하시지 않으셨다.

　③ 마 24:36　그 날과 그때는 아무도 모르며, 오직 하나님 아버지만 아신다고 주님의 호기심과 요청을 거절 하셨다, 아버지만 아시기 때문이다.

　④ 행 1:7　제자들은 부활 후 주님이 승천하시기 전에 또 한 번 의문을 제기 했다. 그의 대한 주님의 대답은 　'때와 기한은 너희의 알 바 아니요' 라고 하셨다.

이 뜻은 무엇인가?

이 구절의 '때'는 <χρόνο"" 크로노스>로서 대격남성 복수로서 모든 때, 모든 기회, 모든 계절이 포함되어 있으며, '기한'은 <καιροὶ"" 카이루스>로 남성 복수로서 기회, 정해진 때, 동안, 항상, 고정된 시간 등의 복수이다.

그러므로 모든 기회인 때들과 정해진 시간들은 제자들이 알바(γνω'ναι 기네스코 부정사 부정과거능동태) 아니다.

여기 아니다는 결코 아니다, 아무것도 알 수 없다는 뜻이다(전 3:11). 그 이유는 하나님의 권한(ἐν ἐξουσία/,)에 두셨기 때문이다.

⑤ 살전 5:1~2 때와 기한은 알지 못하는 것이므로 도적같이 갑자기 임할 것임을 알고 있었다. 데살로니가 교인들이 때와 기한을 안 것은 몇 년 몇 일 기한이 아니라, '도적같이 임함'을 인식완료했다는 뜻이다. 그러므로 누구든지 몇 년 몇 월이라고 때를 계산하는 것은 이단적인 태도로 잘못 해석하는 것이다.

⑥ 살전 5:4 그 날(주의 재림)이 도적같이 임하지 않을 것이 보증되어 있다. 이유는 때와 기한에 관한 것이 아니라, 그 날에 징조를 통해서 알기 때문이다. 그래서 깨어 근신할 것을 권면하고 있다.(6절) 이와 같이 참된 성도들은 사도들과 초대 교회 성도들이 깨달은 범위를 넘지 말고 때와 기한과 시기는 논하지도 말고 누구의 속임수에도 따르지 말아야 한다. 그렇기 때문에 징조는 밝혔으나 연대가 성경에 없는 것을 깨달아야 한다.

그러므로 성경에는 전3년반의 시작도 모르며, 언제 7년 대환란이 끝나는 것도 명시가 안된 것은 하나님의 행사의 시종(처음과 마지막)을 알지 못하게, 측량하지 못하게 하셨다.(전 3:11)

측량은 <αξμ ; 마차>로서 발견하다, 제시하다, 라는 의미로 시작과 끝의 일자나 때를 발견하여 제시할 수 없게 하셨음을 명심해야 한다. 이 때는 바로 롬 11: 25의 이방인의 구원된 수가 찰 때이다.

3) 주의 임하심은 징조로 인식할 수 있다

① 암 3:7 주 여호와께서는 자기의 비밀을 그 종 선지자들에게 보이지 아니하시고는 결코 행하심이 없으시리라

② 창 18:17 여호와께서 가라사대 나의 하려는 것을 아브라함에게 숨기겠느냐

③ 창 6:3 여호와께서 가라사대 나의 신이 영원히 사람과 함께 하지 아니하리니 이는 그들이 육체가 됨이라 그러나 그들의 날은 일백 이십년이 되리라 하시니라

위의 성경을 잘못 인용하여 재림이나, 그 어느 때를 계산하는 자들이 있는데, 그것은 잘못된 적용이다.

그 이유는 전능자 하나님의 전지한 성경말씀을 모순되게 인식할 수 없는데도 자신을 과대시하여, 어느 성경을 부인하기 때문이다. 사도들의 질문에 너희 알바 아니라고 단언하시며, 하나님의 권한에 속한 것이라고 말씀하셨음으로 그 누구도 이단적인 처신을 해서는 안 된다.

④ 암 3:7의 교훈은 사도들에게 적용되는데 사도들이 아는 것은 무엇인가? 징조인 것이다, 아브라함이 아는 것은 무엇인가? 날짜인가 시각인가 아니다. 소돔에 멸망이다. 노아가 하나님의 심판의 날을 알았는가? 아니다 사람의 생존 수명에 대한 예언이었다.

그러면 주님의 재림 때에 교훈된 징조에 대하여 확인하자

① 마 24:9의 징조 – 그 때에 사람들이 너희를 환난에 넘겨주겠으며 너희를 죽이리니 너희가 내 이름을 위하여 모든 민족에게 미

움을 받으리라

② 마 24:10의 징조 – 그 때에 많은 사람이 시험에 빠져 서로 잡아 주고 서로 미워하겠으며

③ 마 24:23의 징조 – 그 때에 사람이 너희에게 말하되 보라 그리스도가 여기 있다 혹 저기 있다 하여도 믿지 말라

④ 마 24:37의 징조-노아의 때와 같이 인자의 임함도 그러하리라

⑤ 막 13:7의 징조 – 난리와 난리 소문을 들을 때에 두려워 말라 이런 일이 있어야 하되 끝은 아직 아니니라

⑥ 눅 21:8의 징조- 가라사대 미혹을 받지 않도록 주의하라 많은 사람이 내 이름으로 와서 이르되 내가 그로라 하며 때가 가까웠다. 하겠으나 저희를 좇지 말라.

⑦ 눅 21:24의 징조 – 저희가 칼날에 죽임을 당하며 모든 이방에 사로잡혀 가겠고 예루살렘은 이방인의 때가 차기까지 이방인들에게 밟히리라

⑧ 살후 2:1~3의 징조- 형제들아 우리가 너희에게 구하는 것은 우리 주 예수 그리스도의 강림하심과 우리가 그 앞에 모임에 관하여 / 혹 영으로나 혹 말로나 혹 우리에게서 받았다 하는 편지로나 주의 날이 이르렀다고 쉬 동심하거나 두려워하거나 하지 아니할 그것이라 / 누가 아무렇게 하여도 너희가 미혹하지 말라 먼저 배도하는 일이 있고 저 불법의 사람 곧 멸망의 아들이 나타나기 전에는 이르지 아니하리니

⑨ 요일 2:18의 징조 – 아이들아 이것이 마지막 때라 적그리스도가 이르겠다 함을 너희가 들은 것과 같이 지금도 많은 적그리스도가 일어났으니 이러므로 우리가 마지막 때인 줄 아노라

⑩ 마 24:14의 징조 – 이 천국 복음이 모든 민족에게 증거되기 위하여 온 세상에 전파되리니 그제야 끝이 오리라

4) 예수님의 공중 임재 징조

예수님이 성도들을 부활시키시고 변화시켜 휴거시키실 때의 직접적인 징조는 무엇인지 성경의 교훈을 확인하자.

① 마 24:29 환란 후 즉시 천체의 대변동이 일어나서 하늘의 권능들이 흔들린다.(막 13:24~25)

② 마 24:30 위와 같은 천체의 징조를 본 전 인류 중 불택자들이 통곡하며, 영광으로 오시는 주님을 보게 된다.(막 13:26)

③ 눅 21:25 하늘의 일월성신의 징조가 있으며 땅에서도 바다와 파도의 우는 소리로 혼란한 중에 곤고하게 된다.

④ 눅 21:26 하늘의 권능은 계속 흔들리고 세상에 임할 일을 생각하고 무서워함으로 기절을 한다.

이와 같은 예수님의 예언은 계 6:12~16에서 성취된다.

⑤ 계 6:12 내가 보니 여섯째 인을 떼실 때에 큰 지진이 나며 해가 총담 같이 검어지고 온 달이 피 같이 되며

⑥ 계 6:13 하늘의 별들이 무화과나무가 대풍에 흔들려 선 과실이 떨어지는 것같이 땅에 떨어지며

⑦ 계 6:14 하늘은 종이 축이 말리는 것같이 떠나가고 각 산과 섬이 제 자리에서 옮기우매

⑧ 계 6:15 땅의 임금들과 왕족들과 장군들과 부자들과 강한 자들과 각 종과 자주자가 굴과 산 바위틈에 숨어

⑨ 계 6:16 산과 바위에게 이르되 우리 위에 떨어져 보좌에 앉으신 이의 낯에서와 어린양의 진노에서 우리를 가리우라

5) 7년 대환란과 주님의 재림

대환란 기간에 어린양이신 예수님이 무엇을 하시며, 재림은 언제 하

시는지 확인하기로 하자.

① 계 5:7 환란 기간에 어린양이 성부에게서 책을 받아 심판권을 이양 받으셨다 .

② 계 5:12, 13 어린양이신 주님이 영광과 찬양을 받으신다.

계 6:1 어린양이신 주님이 인봉을 떼기 시작하시며, 6째 인봉을 떼실 때에 이방인과 불택자들이 어린양의 진노를 지각한다.(6:16, 17)

③ 계 7:3~14 6째 인봉 개봉 사건에 성도들을 전부 휴거시키시고, 친히 목자가 되셔서 위로하시고 생명수 샘으로 인도하신다.

④ 계 8:1~5 7째 인을 주님이 떼시고, 계 8:6~7부터 천사에게 형벌 수단이 넘어간다.

계 7:14까지 직접 나타나 심판치 않으시고 ,천사들에게 위임하시며, 심판하신다.(계 8:1~7)

⑤ 계 14:10 7째 나팔인 7째 천사 나팔사건(계 11:15)기간이며, 후3년반(계 12:6)기간에 영계에서 불과 유황으로 고난 받는 진노심판이 확인된다.

※ 7년 대환란의 진노심판은 성부 하나님께서 성자에게 맡기신 임무이며(요 5:22, 30), 진리를 믿지 않고 불의를 좋아하는 모든 자에 대한 심판이며(살후 2:12), 이방인들에게 복음 전함을 훼방한 유대인 히브리인들이 받을 심판이다.(살후 2:16) (계 11:18, 14:8, 10, 19, 15:1, 16:19, 18:13)

⑥ 계 17:1 천사가 예수님의 최후 승리를 예고한다.(14절)

⑦ 계 19:11 하늘이 열리고 백마 탄자가 나타나 공의로 심판전쟁을 하시는데(계 19:11), 이분이 만왕의 왕이시며, 만주의 주이신 주님이시다.(계 19:16) 이 주님께서 최후 전쟁을 마무리 하셨다.

※ 7년 대환란 기간 중에 히브리 민족이 환란을 당하다가 7년 대환란 후 하나님께로 돌아온다.(신 4:30, 21) 이들은 이방인의 구원의 수가 차기까지 거역한 히브리인들로서 환란에서 남은 자는 전체가 구원을

받도록 예언되어진 자들이다.(롬 11:26~27)

※ 실제로 7년 대심판 중 후3년 반에 예루살렘을 치러 오는 열국을 하나님이 멸하시고(슥 12:9), 그 후에 성령님이 역사하셔서 아마겟돈 전쟁 때에 애통하며 유대인 전체가 회개 한다.(슥 12:11~14)
이러한 환란기간에 유대인 히브리인의 생존자 2/3가 죽고, 1/3남아 연단 받고, 여호와 이름을 부르고, 하나님께서 응답하시여 백성을 삼으신다.(슥 13:8~9)

※ 전쟁이 끝나고 회개한 그날에 주님이 지상 감람산 예루살렘 동편 산에 재림하시고, 거룩한 성도들 즉 휴거 성도들이 함께 하게 된다.(살전 3:13, 슥 14:4~5)

※ 휴거된 성도들이 심판하는 권세를 받고 천 년 동안 왕 노릇한다(마 19:28). 나머지 환란 중에 죽은 자들과 불택자로 죽은 자들은 천 년이 차기까지 살지 못 한다.
이는 둘째 부활이기 때문이다. (계 20:6, 13) 그러므로 대환란 기간에 육체로 살아서 천년 세계에 들어가는 자들은 휴거된 성도들의 백성이 된다.

이상과 같이 7년 대환란 심판 기간은 이방인과 불택자들에게는 진노의 심판이며, 야곱의 남은 자들은 환란 연단 기간이 되어 진행될 때에 이미 계 6:12 여섯째 인봉 사건과 제7인봉 사건인 8:1 사이에 휴거가 주님의 예언대로(마 24:30, 41, 눅 17:34, 35) 일어나게 된다.

20장 천년 지상 왕국과 주님의 지상 재림

1-3절　용 곧 마귀인 옛뱀 사탄의 결박 투옥 사건.

4-7절 예수님의 지상 재림 천년간 통치.

　　　　살전 4:13-18, 슥 14:4-8

4절의 '앉은 자들이 있어'는 제2부정과거 능동태 3인칭 복수동사로서 이미 과거에 보좌에 올라간 자들이다.

언제인가? 제6인 개봉 사건인 계 6:12 이후에 계 7:9-14에서 휴거된 자들이다. 심판하는 권세를 '받았더라'는 부정과거 수동태로서 이미 환란 통과 이전에 받은 것이다.

① 성도들의 왕권 통치. (고전4:8, 딤후 2:12, 계5:10,)

② 천년 왕국기간의 생활. (사 11:6-9, 65:19-20, 25)

③ 천년 왕국 시대의 지상 성도. 계 11:13, 12:17, 13,7, 18:4, 12:14, 20:9, 고을통치, 눅 19:17-19

7-15절　사단과 불신자의 최후 심판.

7절　천년이 차며 사단이 놓임.

8-9절　곡과 마곡과 지상 성도 전쟁 시작과 멸망.

10 절　마귀의 형벌.

11-12절　흰 보좌 심판.

13-15절　영원한 지옥형벌과 2차 부활 지상 역사의 종말

14. 천년 세계 〈주제연구 14〉

※ 천년왕국에 관한 여러 학설들이 있다

1) 천년에 관한 성경 해석

1000년이 실수이냐 상징이냐 하는 논란이 있다. 계 20:3 무저갱에

던져 잠그고, 그 위에 인봉하여 천년이 차도록 다시는 만국을 미혹하지 못하게 하였다가 그 후에는 반드시 잠깐 놓이리라,

마귀를 무저갱에 잠그는 사건은 7년 대환란 종결 후에 사건이며, 1000년간 인봉한다. 이 경우는 벧후 2:4, 유 1:4의 경우가 아니므로 실제적 사건이다.

천년이 '차도록'의 시한부로 표시된 것이 ἄχρι(아크리) τελεσθη(텔레스데) 로서 τελεσθη는 가정법수동태 3인칭단수로서 금지를 나타내는 1000년간이 된다.

'그 후에 잠깐 놓이리라'에서 '후에'는 μετα (메타) 전치사로서 '나중에, 다시 한번, ~중에', 어느 중간 지점을 나타내며, '반드시'는 δει' '(데이)로서 현재능동태3인칭 단수동사로서 '반드시 해야 한다, 틀림없다, 필요하다' 로서 유한 1000년을 증거하고 있으며, '잠깐'은 μικρὸν 미클로우 형용사단수 (가장 작은, 미미한)+χρόνο"크로노스 단수 명사 간격,기회, 때, 시간)이다.

이것은 상징 해석이 불가능한 정확한 실제적인 시간 간격이므로 1000년은 실수이다. 그리고 '놓이리라'는 λυθη'να 로서 분사부정과거 수동태로 일시적인 행위를 나타내고 있어 가둔 후에 일시적으로 풀어 놓이는 상태이다.

① 계 20:5 그 나머지 죽은 자들은 그 천년이 차기까지 살지 못하더라 이는 첫째 부활이라

여기 1000년이 '차기까지' 는 ἄχρι τελεσθη으로 3절의 '차도록' 과 시상이 같고 그 뜻은 '끝마치다, 끝나다, 종말에 이르다' 로서 1000년의 종말이 이르는 것으로 상징 해석이 아닌 1000년이다.

② 계 20:7 천년이 차매 사단이 그 옥에서 놓여 여기 1000년 차매는 τελεσθη로서 가정법 부정과거 3인창단수로서 일시적으로 종말이 된 것을 의미함으로 영원으로 상징적 해석은 불가능하다.

③ 계 20:8 나와서 땅의 사방 백성 곧 곡과 마곡을 미혹하고 모아 싸움을 붙이리니 그 수가 바다 모래 같으리라
여기서는 잠깐 놓인 악령이 지상에서 미혹하고 싸움을 붙인다. 싸움을 붙이는 것은 단회적인 것이며, '모으는' 갓은 부정사 부정과거로서 일시적인 행동이므로 이것은 오랜 기간이 아니라 1000년은 유한한 기간이다.

④ 계 20:9 저희가 지면에 널리 퍼져 성도들의 진과 사랑하시는 성을 두르매 하늘에서 불이 내려와 저희를 소멸하고. 1000년이 유한 문자적인 해석을 해야 하는 것은 불이 내려와 소멸하는 것이 부정과거 능동태 3인칭단수로서 역사성이 분명함으로 1000년은 무한한 개념이 아니다.

이상과 같은 연구에 의하여 1000년이 유한이 아니라는 주장이나, 교회시대 2000년이라는 주장은 잘못 해석한 것이다. 특히 교회시대 2000년이라는 주장은 계 20:3, 7의 천년이 인류역사의 최종 심판이 마친 후임을 알지 못하는 주장이다.

2) 천년왕국과 지상인간
천년왕국에 존재하는 사람들은 누구인가? 휴거되어 재림한 성도들은 아니다. 이들은 전쟁 심판에서 생존한 자들이다.

① 계 11:13 그 시에 큰 지진이 나서 성 십분의 일이 무너지고 지진에 죽은 사람이 칠천이라 그 남은 자들이 두려워하여 영광 을 하늘의 하나님께 돌리더라

② 계 12:14 그 여자가 큰 독수리의 두 날개를 받아 광야 자기 곳으로 날아가 거기서 그 뱀의 낯을 피하여 한 때와 두 때와 반 때를 양육 받으매

③ 계 12:17 용이 여자에게 분노하여 돌아가서 그 여자의 남은 자손 곧 하나님의 계명을 지키며, 예수의 증거를 가진 자들로 더불어 싸우려고 바다 모래 위에 섰더라

④ 계 18:4 또 내가 들으니 하늘로서 다른 음성이 나서 가로되 내 백성아, 거기서 나와 그의 죄에 참예하지 말고 그의 받을 재앙들을 받지 말라

⑤ 롬 11:26 그리하여 온 이스라엘이 구원을 얻으리라 기록된바 구원자가 시온에서 오사 야곱에게서 경건치 않은 것을 돌이키시겠고

* 야곱의 남은 자들 : 사 10;21, 22, 욜 2:32, 암 5:15, 미 2:12, 5:7, 8, 습 2:7, 3:13 롬 9:27, 11:5

⑥ 단 7:22 옛적부터 항상 계신 자가 와서 지극히 높으신 자의 성도를 위하여 신원하셨고 때가 이르매 성도가 나라를 얻었더라

⑦ 단 12:12 기다려서 일천삼백삼십오 일까지 이르는 그 사람은 복이 있으리라

⑧ 슥 13:8 여호와가 말하노라 이 온 땅에서 삼분지 이는 멸절하고 삼분지 일은 거기 남으리니

⑨ 슥 13:9 내가 그 삼분지 일을 불 가운데 던져 은 같이 연단하며 금 같이 시험할 것이라 그들이 내 이름을 부르리니 내가 들을 것이며 나는 말하기를 이는 내 백성이라 할 것이요 그들은 말하기를 여호와는 내 하나님이시라 하리라

⑩ 계 18:11, 15:17 등 살아남은 자들이 있을 것임

⑪ 계 20:8 나와서 땅의 사방 백성 곧 곡과 마곡을 미혹하고 모아 싸움을 붙이리니 그 수가 바다 모래 같으리라

⑫ 계 20:9 저희가 지면에 널리 퍼져 성도들의 진과 사랑하시는 성을 두르매 하늘에서 불이 내려와 저희를 소멸하고

이상의 성경은 설명이 불필요하다. 천년 왕국에 들어가는 자들은 7년 대환란 중에 살아남은 육적 이스라엘의 남은 자로 구원된 자들, 환란 중에 출현한 환란 통과 교회들인 것이다.

3) 천년왕국의 생활

천년왕국에서는 어떻게 생활하는지, 죽음이 있는지, 자손은 낳는지, 죄는 있는지, 자연과 인간관계는 어떠한지, 천년간 통치자는 누구인지 연구하자.

① 슥 14:8 그 날에 생수가 예루살렘에서 솟아나서 절반은 동해로, 절반은 서해로 흐를 것이라 여름에도 겨울에도 그러하리라

② 슥 14:9 여호와께서 천하의 왕이 되시리니 그 날에는 여호와께서 홀로 하나이실 것이요 그 이름이 홀로 하나이실 것이며

③ 단 2:44 이 열 왕의 때에 하늘의 하나님이 한 나라를 세우시리니 이것은 영원히 망하지도 아니할 것이요 그 국권이 다른 백성에게로 돌아가지도 아니할 것이요 도리어 이 모든 나라를 쳐서 멸하고 영원히 설 것이라

④ 사 11:6~9 그 때에 이리가 어린양과 함께 거하며 표범이 어린 염소와 함께 누우며 송아지와 어린 사자와 살찐 짐승이 함께 있어 어린 아이에게 끌리며 / 암소와 곰이 함께 먹으며 그것들의 새끼

가 함께 엎드리며 사자가 소처럼 풀을 먹을 것이며 / 젖먹는 아이가 독사의 구멍에서 장난하며 젖 뗀 어린 아이가 독사의 굴에 손을 넣을 것이라 / 나의 거룩한 산 모든 곳에서 해됨도 없고 상함도 없을 것이니 이는 물이 바다를 덮음 같이 여호와를 아는 지식이 세상에 충만할 것임이니라

⑤ 사 35:5~10 그 때에 소경의 눈이 밝을 것이며 귀머거리의 귀가 열릴 것이며/ 그 때에 저는 자는 사슴같이 뛸 것이며 벙어리의 혀는 노래하리니 이는 광야에서 물이 솟겠고 사막에서 시내가 흐를 것임이라 / 뜨거운 사막이 변하여 못이 될 것이며 메마른 땅이 변하여 원천이 될 것이며 시랑의 눕던 곳에 풀과 갈대와 부들이 날 것이며 / 거기 대로가 있어 그 길을 거룩한 길이라 일컫는바 되리니 깨끗지 못한 자는 지나지 못하겠고 오직 구속함을 입은 자들을 위하여 있게 된 것이라 우매한 행인은 그 길을 범치 못할 것이며 / 거기는 사자가 없고 사나운 짐승이 그리로 올라가지 아니하므로 그것을 만나지 못하겠고 오직 구속함을 얻은 자만 그리로 행할 것이며 / 여호와의 속량함을 얻은 자들이 돌아오되 노래하며 시온에 이르러 그 머리 위에 영영한 희락을 띠고 기쁨과 즐거움을 얻으리니 슬픔과 탄식이 달아 나리로다

⑥ 사 65:17~19 보라 내가 새 하늘과 새 땅을 창조하나니 이전 것은 기억되거나 마음에 생각나지 아니할 것이라 / 너희는 나의 창조하는 것을 인하여 영원히 기뻐하며 즐거워할지니라 보라 내가 예루살렘으로 즐거움을 창조하며 그 백성으로 기쁨을 삼고 / 내가 예루살렘을 즐거워하며 나의 백성을 기뻐하리니 우는 소리와 부르짖는 소리가 그 가운데서 다시는 들리지 아니할 것이며

⑦ 사 65:20 거기는 날 수가 많지 못하여 죽는 유아와 수한이 차지 못한 노인이 다시는 없을 것이라 곧 백세에 죽는 자가 아이겠고 백세 못되어 죽는 자는 저주 받은 것이리라

⑧ 사 65:21~23 그들이 가옥을 건축하고 그것에 거하겠고 포도원을 재배하고 열매를 먹을 것이며 / 그들의 건축한데 타인이 거하지 아니할 것이며 그들의 재배한 것을 타인이 먹지 아니하리니 이는 내 백성의 수한이 나무의 수한과 같겠고 나의 택한 자가 그 손으로 일한 것을 길이 누릴 것임이며 / 그들의 수고가 헛되지 않겠고 그들의 생산한 것이 재난에 걸리지 아니하리니 그들은 여호와의 복된 자의 자손이요 그 소생도 그들과 함께 될 것임이라

⑨ 사 65:24 그들이 부르기 전에 내가 응답하겠고 그들이 말을 마치기 전에 내가 들을 것이며

⑩ 사 65:25 이리와 어린양이 함께 먹을 것이며 사자가 소처럼 짚을 먹을 것이며 뱀은 흙으로 식물을 삼을 것이니 나의 성산에서는 해함도 없겠고 상함도 없으리라 여호와의 말이니라(66:10-14)

이상의 성경은 천년왕국 시대의 히브리 성도인 육체로 환란을 통과하고 구원받은 자들에 대한 축복된 삶이다. 이외에 더 많은 축복이 있을 것이라 믿는다. 그러나 이것은 유태인만의 축복이 아닌가 라고 할 수 있겠으나, 이 천년 기간은 부활한 성도들에게는 '1일'이라는 사실을 생각한다면 휴거 성도의 행복은 이에 비교될 수 있겠는가?

4) 천년왕국과 휴거 성도의 생활

① 요 14:3~4 가서 너희를 위하여 처소를 예비하면 내가 다시 와서 너희를 내게로 영접하여 나 있는 곳에 너희도 있게 하리라 / 내가 가는 곳에 그 길을 너희가 알리라(고후 5:1)

② 요 14:6 예수께서 가라사대 내가 곧 길이요 진리요 생명이니 나로 말미암지 않고는 아버지께로 올 자가 없느니라

고후12:4 그가 낙원으로 이끌려가서 말할 수 없는 말을 들었으니 사람이 가히 이르지 못할 말이로다(고후 5:8~9)

③ 눅 19:17 주인이 이르되 잘하였다 착한 종이여 네가 지극히 작은 것에 충성하였으니 열 고을 권세를 차지하라 하고

④ 눅 19:19 주인이 그에게도 이르되 너도 다섯 고을을 차지하라 하고

⑤ 고전 15:25 저가 모든 원수를 그 발아래 둘 때까지 불가불 왕 노릇 하시리니

⑥ 딤후 2:12 참으면 또한 함께 왕 노릇할 것이요 우리가 주를 부인하면 주도 우리를 부인하실 것이라

⑦ 계 11:15 일곱째 천사가 나팔을 불매 하늘에 큰 음성들이 나서 가로되 세상 나라가 우리 주와 그 그리스도의 나라가 되어 그가 세세토록 왕 노릇 하시리로다 하니(17절)

⑧ 계 20:4 또 내가 보좌들을 보니 거기 앉은 자들이 있어 심판하는 권세를 받았더라 또 내가 보니 예수의 증거와 하나님의 말씀을 인하여 목 베임을 받은 자의 영혼들과 또 짐승과 그의 우상에게 경배하지도 아니하고 이마와 손에 그의 표를 받지도 아니한 자들이 살아서 그리스도로 더불어 천년 동안 왕 노릇하니

⑨ 계 20:6 이 첫째 부활에 참예하는 자들은 복이 있고 거룩하도다. 둘째 사망이 그들을 다스리는 권세가 없고 도리어 그들이 하나님과 그리스도의 제사장이 되어 천년 동안 그리스도로 더불어 왕 노릇 하리라

⑩ 시 90:4 주의 목전에는 천년이 지나간 어제 같으며 밤의 한 경점 같을 뿐 임이니이다.

⑪ 벧후 3:8 사랑하는 자들아 주께는 하루가 천년 같고 천년이 하루 같은 이 한 가지를 잊지 말라.

이상의 성경은 설명치 아니하여도 이해할 수 있을 것이다. 지상 천년이 놀라운 행복을 약속한 것이라면, 그 놀라운 행복을 통치하는 통치자의 행복이 어떠하겠는가?

그리고 지상 인간은 육신 생활로 천년이 경과 되지만, 휴거된 영광스런 성도들은 그것이 하루가 되는 것이니, 얼마나 놀라운 축복이겠는가?

지상의 천년 기간 동안 농사짓고 집을 지으며 행복하나, 휴거성도는 시공을 초월하며 하나님을 영화롭게 하니 측량할 수 없는 것이 아닌가? 그러므로 사도 바울이 몸을 떠나 주와 함께 있는 것이 좋다고 한 것이다. 우리 모두 이 영광스런 직분을 위하여 열심히 봉사해야 할 것이다.

15. 영원한 심판 〈주제연구 15〉

① 시 1:5 그러므로 악인이 심판을 견디지 못하며 죄인이 의인의 회중에 들지 못 하리로다

② 시 7:8 여호와께서 만민에게 심판을 행하시오니 여호와여 나의 의와 내게 있는 성실함을 따라 나를 판단하소서

이 심판에 대하여 바로 인식하지 못하면 거짓 무리들에게 미혹되기 쉬우며, 노략질 당하기 용이하다, 그러므로 심판의 정의와 성도와 심판, 악령과 거짓 선지자들의 심판과 2차 부활과 영원한 심판, 지옥 심판 등을 연구하자.

1) 심판의 정의

심판이라는 용어와 그 의미에 대하여 연구하자.

① φΠ"µ (미쉬파트) 율법적으로 선언된 판결, 언도, 정당한 재판, 심판, 특권, 공식적인 선언 등의 의미로 하나님의 공의로운 심판과 관계되어 있다(신 32:41, 욥 3:8, 19, 37:23, 40:8, 시 1:5, 7:6, 9:7,

16, 렘 1:16, 4:12, 호 5:1, 6:5)

② κρίσι" (크리시스) 결정, 공의, 정죄, 단죄, 재판법정, 심판(마 12:18, 20, 41, 42, 10:14, 11:31, 32, 요 5:22, 24, 27, 29, 30, 12:31, 16:8, 살후 1:5, 딤전 5:24, 히 9:27, 10:27, 약 2:13, 벧후 2:4, 3:7, 유 1:6, 계 18:10, 19:2)

그러므로 성경에서 말하는 심판은 하나님의 공의에 기초하여 인간들의 도덕적 표준인 율법 규정에 어긋남과 믿음의 법에서 어긋난 것을 판결하고 형벌하는 것을 의미한다.

2) 성도와 심판

성도들은 심판을 받는가?

① 고후 5:10 성도는 영계의 보좌 앞 일보 앞에서 몸을 따라 행한 대로 <베마 βη'μα 한 걸움, 강단, 재판석, 의자, 왕자. 단수> 심판을 받게 되는데 이 시기는 휴거 후 7년 대환란 시기이다.

② 고전 11:32 – 성도가 지상에서 말씀으로 판단을 받고 세상에서 판단 받는 징계를 받음으로 정죄함을 받는 심판을 받지 않는다. (κρίνω 크리노 결정하다, 언도하다, 벌하다, 정죄하다, 선고하다.)

③ 요 3:18 – 뿐만 아니라 믿는 자 곧 예수님을 믿고 구원된 자는 심판을 받지 않는 자이다.

④ 요일 4:17 성도는 사랑을 완성하여 심판 날 곧 악인들의 형벌의 날에도 담대하다.

⑤ 마 19:28 성도는 주님과 함께 영광의 보좌에 낮아 이스라엘의 12지파를 심판할 신분으로 심판받지 않는다.

⑥ 딤후 2:12 그러므로 성도는 인내하면 주님과 함께 왕 노릇 하며 심판 받지 않는다.

⑦ 고전 3:18 우리는 심판될 자가 아니라 상을 일한대로 받을 자이다.(고전 3:8, 14, 9:17, 18, 골 3:24, 계 22:12, 마 10:41, 42, 눅 6:35, 빌 3:14, 골 2:18, 히 10:35, 요이 1:8, 계 11:18)

⑧ 계 22:12 보라 내가 속히 오리니 내가 줄 상이 내게 있어 각 사람에게 그의 일한 대로 갚아 주리라

어떤 이단자들이나 거짓된 자들이 성도들을 갈라놓고, 어떤 자는 왕 노릇하고, 어떤 자는 심판 받는다고, 물질을 요구하거나 , 복종을 요구할 때 미혹되지 말아야 할 것이다.

3) 악령과 거짓된 자들의 심판

① 요 12:31 악령은 이 세상 임금이며 쫓겨 날 자이다.

② 요 16:11 악령은 이미 심판을 받은 자이다(심판 받다. κριτακριται.완료 수동태 3인칭 단수동사)

③ 유 1:6 악령은 영원한 결박으로 흑암에 감금된 상태로서 현재 활동하고 있다.

④ 사 14:12 이러한 악령은 떨어진 계명성으로서 영계에서 땅에 떨어져 열국을 엎은 찍힌 자로 이미 심판 받고 계류 중인 자이다.

⑤ 겔 28:16 위 계명성은 강포가 가득한 자이며 범죄한 자로서 더럽게 여겨 하나님의 영계의 산에서 쫓아내어진 실존이다. 요 14:30 이 악령은 예수님에게 관계할 것이 없는 이 세상 임금 행세를 한다.

⑥ 엡 6:12 성도들의 영적 싸움의 대상인 하늘의 악의 영들과 세상 주관자로서 악한 자들이다.

⑦ 눅 8:31 악령 귀신들은 자신들이 들어가 감금될 것을 미리 아는 실존이다.

⑧ 계 12:7~9 이 악령의 두목인 마귀는 후3년 반에 공중권세 잡은 자리를 미가엘 천사와 그 사자들과 싸워 패배 당함으로 다 시 땅으로 쫓겨나 고 하늘에 기반을 빼앗긴다.

⑨ 계 20:1 7년 대환란이 끝이 나고 천년왕국 시작 직전에 악령인 사단 마귀와 그의 사자들이 함께 쇠 사슬에 매여 무저갱에 감금된다.(계 12:9, 눅 8:31)

⑩ 계 20:3 미혹하는 마귀가 1000년간 무저갱에 감금되어 지고 1000년 후에 잠깐 놓임 받는 실존이다.

⑪ 계 20:8 1000년이 마치고 놓인 악령들은 최후적인 범죄로 속과 마곡을 모 아 싸움을 부치게 된다.

⑫ 계 20:10 전쟁도 못하고 포위만 시키고 마귀가 짐승(단수)과 거짓 선지자(단수)가 있는 불 못에서 영원토록 밤낮 괴로움을 받게 된다. (미래 수동태 3인칭 복수)

이것이 천년왕국 직후에 일어나는 하나님의 심판이다.

⑬ 요 16:33 이것을 너희에게 이름은 너희로 내 안에서 평안을 누리게 하려 함이라 세상에서는 너희가 환난을 당하나 담대하라 내가 세상을 이기었노라 하시니라

⑭ 벧전 5:9 너희는 믿음을 굳게 하여 저를 대적하라 이는 세상에 있는 너희 형제들도 동일한 고난을 당하는 줄을 앎이니라

⑮ 약 4:7 그런즉 너희는 하나님께 순복할지어다. 마귀를 대적하라 그리하면 너희를 피하리라

4) 2차 부활과 영원한 심판

2차 부활이라는 부활 용어가 성경에 있는 것은 아니나, 첫째 부활의 상대적 개념으로 보통 사용하는 말이다.

① 요 5:29 부활은 생명의 부활과 심판의 부활이 있으며, 계 20:11~15의 부활은 심판의 부활이다.

② 행 24:15 다른 말로 부활은 의인의 부활과 악인의 부활이 있고, 둘째 부활은 악인의 부활이다.

③ 요 5:27 부활 후나 전이나 심판자는 주 예수님이시다.(시 9:16)

④ 히 9:27 한번 육체가 죽는 것도 죄의 값이지만(롬 6:23) 그 후에 곧 2차 부활 때에 심판이 있을 것이 예언되어 졌다.

⑤ 살후 2:12 그 심판 받는 자들은 진리를 믿지 않고 불의를 좋아하는 모든 자들이다.

⑥ 계 20:5, 9 아담 이후부터 천년 왕국이 마칠 때까지 첫째 부활 때까지 죽은 성도들을 제외한 나머지와 천년 왕국 말기에 불로 죽은 모든 자는 2차 부활을 대기하고 있는 자들이다.

⑦ 계 20:11 영계에 크고 흰 보좌와 그 위에 앉으신 분이 계심 그 흰 보좌 앞에는 불이 강같이 흘러나오며 수종드는 자 천천이며 시위자들이 만만이며 심판 베풀 심판책들이 펴 놓일 것이다.(단 7:10)

⑧ 계 20:12, 13 바다와 사망과 음부는 죽은 자를 내어주어 부활케 하여 무론대소 하고 보좌 앞에 섰고 그 보좌 앞에 책들과 생명책이 펴 있고 각 사람이 자기 행위를 따라 책들에 기록된 대로 심판을 받는다.

※ 누구든지 둘째 부활에 참예한 생명책에 기록되지 못한 자들은 불 못에 각각 던지어진다.(부정과거 수동태 3인칭 단수)

⑨ 마 20:30, 눅 20:30 이들은 결혼도 할 수 없고 다시 죽을 수도 없으며 악한 천사들과 동등이 되어 영원한 고통에 처하게 되며 이것이 영원한 심판이다 이것은 이 세상이 아니며, 영계이며, 이때는 심판과 함께 우주는 불타서 소멸할 것이다.(벧후 3:7~13, 계 20:11, 21:1)

⑩ 벧후 3:14 그러므로 사랑하는 자들아 너희가 이것을 바라보나니 주 앞에서 점도 없고 흠도 없이 평강 가운데서 나타나기를 힘쓰라

⑪ 벧후 3:12 하나님의 날이 임하기를 바라보고 간절히 사모하라…

5) 지옥 심판

지옥이라는 것이 있는가 없는가? 하나님이 사랑이신데 어떻게 그것이 있을 수 있는가? 그것은 예루살렘 남문 밖 흰놈의 골짜기에 있는 쓰레기 소각장이며, 멸망의 상징뿐이다라고 주장한다. 그러나 성경이 무엇을 주장하는지 확인이 필요하다. 이것이 인류 역사의 종말 종착 지점이기 때문이다.

* 지옥이란 용어는 12회 사용된 용어로서 〈γέεννα 게엔나 인데 흰 놈의 골자기, 예루살렘 동남쪽에 있고, 어린 아이들을 몰록의 제단에 불살라 바치던 곳, 요시야 왕에 의하여 폐지된 후 유대인들이 가증히 여겨 동물이나 악행자의 시체를 던져버려 불결해졌으며, 이로 인한 점염병 예방을 위하여 항상 불을 살랐으며, 유대인들은 이곳에서 최후의 심판이 있을 것이다 라고 믿는 장소이다. 현재는 평범한 골짜기이며, 시온산 남쪽 계곡에 해당한다. 그러나 이러한 상태를 영계에 적용하여 부활 후 불택자들이 가는 곳이다. 그러나 지옥의 일반적 의미가 흰놈의 계곡이라 하여도 성경이 어떤 의미로 인용되었는가에 의하여 그 의미

가 결정되어야 한다.

① 마 5:22 지옥은 불이 있으며, 사람들이 들어가는 장소이며, 흰 놈의 골짜기가 아니다.

② 마 5:29 지옥은 온 몸이 던지우는 장소이다.(마 5:30, 18:9)

③ 마 10:28 영혼이 멸망받는 장소이다.

④ 마 23:15 지옥은 지옥에 갈 자식이 있는 장소이다.

⑤ 막 9:43 지옥의 불은 꺼지지 않는 곳이다.(막 9:45, 47)

⑥ 마 23:33 지옥은 판결 받는 장소이다.

⑦ 눅 12:5 지옥 판결 권세는 하나님께 있으시다.

그러면 지옥의 불 있는 곳이 영영히 타는 불, 꺼지지 않는 불 등으로 인용 되는 경우에 들어간 인간들의 현상을 확인하자.

⑧ 마 24:41 지옥 불은 마귀와 그 사자들인 악령들을 위해 예비된 장소이다.

⑨ 막 9:48 지옥은 구더기도 죽지 않고, 사람도 죽지 않고, 불도 꺼지지 않는 곳이다.

⑩ 막 9:49 지옥은 소금 치듯 하는 심판하는 곳이다.

⑪ 계 14:10 지옥은 불과 유황으로 고난을 받는 곳이다.

⑫ 마 13:50, 42   지옥은 풀무불로 표현된 장소이며, 죽지 않고 울며, 이를 갊이 있는 곳이다.

⑬ 계 20:10   지옥은 마귀와 짐승과 거짓 선지자도 있어 영원히 밤낮 괴로움을 받는 곳이다, 결코 죽지 않는 곳이며, ‘괴로움을 받는 것’ 은 미래수동태 3인칭복수 동사로 영원히 받는 것으로 표현되어 있다 .

⑭ 계 14:11   지옥은 고난의 연기가 영원히 올라(현재능동태 3

인칭단수) 가며, 누구든지 쉼을 얻지 못하고 살아 있어 괴로움을 당하는 장소이다.

⑮ 계 21:8 모든 불택자들이 불과 유황으로 타는(현재분사 수동 태단수) 못 (단수)에 참예하며, 이것이 둘째 사망이다.

지옥이란 실제로 2차 부활 후에 심판 받는 자들이 영원히 심판형벌을 받는 곳으로 살아있는 영적 세계의 한 곳이다.

이 얼마나 불행한 일인가 백 년 미만인 지상 생활에서 예수님을 믿지 아니 함으로 영원히 미래를 상실하는 것은 불행한 일이며, 영원한 손실이다. 휴거의 소망을 기대하며 살아가는 하나님의 자녀된 우리들이 이 비밀을 전해야 할 것이다.

21장 영원한 천국 새 하늘과 새 땅

> 1-8 절 새 하늘과 새 땅의 광경과 성도의 형편.
> 9-27 절 새 예루살렘의 장관과 성도의 생애.

16. 영원한 천국과 성도 〈주제연구 16〉

요 18:36 예수께서 대답하시되 내 나라는 이 세상에 속한 것이 아니라 만일 내 나라가 이 세상에 속한 것이었더면 내 종들이 싸워 나로 유대인들에게 넘기우지 않게 하였으리라 이제 내 나라는 여기에 속한 것이 아니니라

마지막 주제로서 1000년 왕국이 지나고, 악인들의 부활과 하나님의 심판이 시행되고, 성도들은 영원한 천국에서 살게 되는데 그 천국이 어떠한 곳인지 언제나 불분명하다. 그것은 이 세상의 언어로 묘사될 수 있는 것이 아니기 때문이라 믿어진다. 사도 바울님께서 고백했던 고후

12:4과 같이 말할 수 없는 말을 들었다고 하고, 그것을 침묵한데서 엿볼 수가 있을 것이다. 그러나 성경에 기록된 대로만 인식해도 만족할 것으로 확신한다.

1) 천국이나 하늘나라의 정의

천국이나 하늘나라의 언어학적인 의미는 무엇인지 성경의 인도를 받기로 하자.

* $\beta\alpha\sigma\iota\lambda\epsilon\acute{\iota}\alpha$ $\tau\omega\grave{\nu}$ $o\grave{\upsilon}\rho\alpha\nu\omega\grave{\nu}$로서 $\beta\alpha\sigma\iota\lambda\epsilon\acute{\iota}\alpha$(바실레아)는 단수이며, $\tau\omega\grave{\nu}$ (톤)은 복수정관사이며, $o\grave{\upsilon}\rho\alpha\nu\omega\grave{\nu}$(위라논)은 속격남성복수 명사이며 하늘, 천상, 행복, 권능, 영원, 하나님이 거하시는 곳, 위에 있는 곳 등과 같은 뜻으로 하늘들의 왕국(단수)이 천국이다.

천국이나 하늘나라 그리고 하나님 나라 등은 하나님의 주권으로 완전히 통치되는 완전한 나라로서 영적 세계의 나라이다.

2) 하나님 나라의 요소

하나님의 나라 하면 좋은 것은 알지만 보신 주님 밖에는 알지 못 한다. 그러나 성경에 교훈된 범위 내에서만 이해되어도 만족하리라 믿는다.

① 롬 14:17 하나님의 나라는 먹는 것과 마시는 것이 아니요 오직 성령 안에서 의와 평강과 희락이라

② 살전 2:12 이는 너희를 부르사 자기 나라와 영광에 이르게 하시는 하나님께 합당히 행하게 하려 함이니라

③ 벧전 2:9 …그의 소유된 백성이니 이는 너희를 어두운데서 불러 내어 그의 기이한 빛에 들어가게 하신 자의 아름다운 덕을 선전하게 하려 하심이라

④ 마 13:43 그 때에 의인들은 자기 아버지 나라에서 해와 같이 빛나리라 귀 있는 자는 들으라

⑤ 눅 22:30 너희로 내 나라에 있어 내 상에서 먹고 마시며 또는 보좌에 앉아 이스라엘 열 두 지파를 다스리게 하려 하노라

⑥ 요 14:2 내 아버지 집에 거할 곳이 많도다 그렇지 않으면 너희에게 일렀으리라 내가 너희를 위하여 처소를 예비하러 가노니

3) 성경에 나타난 하늘나라의 실상

성경에는 부분 부분이 기록되어 있으나, 하늘나라는 성도들의 소망이며, 거할 곳이므로 기쁘고 즐거운 곳이리라

① 영계에도 하늘이 있고, 뭇 별도 있고, 보좌도 있으며, 북극 집회산도 있는 곳이다.(사 14:13)

② 영계 하나님의 동산 에덴이 있고, 각종보석 곧 홍보석, 황보석, 금강석, 황옥, 홍마노, 창옥, 청보석, 남보석, 홍옥 황금으로 단장된 곳이다(겔 28:13)

③ 소고와 비파가 있고(겔 28:13) 하나님 나라에는 성산이 있고, 화강석이 있으며, 왕래하는 곳이다.(겔 28:14)

④ 주리지 않고 목마르지 않으며, 상하는 것이 없고, 생명수 샘으로 인도되는 곳이다.(계 7:16~17)

⑤ 성전이 있고, 언약궤가 있다.(계 11:19)

⑥ 귀한 보석 빛 같은 성이 있고(계 21:11), 성은 정금이며, 기초석은 벽옥, 남보석, 옥수, 녹보석, 홍마노, 홍보석, 황옥, 녹옥, 담황옥, 비취옥, 청옥, 자정, 진주 등 영계의 보물로 장식되었다.(계 21:18~21)

⑦ 해가 없고 밤이 없으며, 등불과 햇빛이 필요 없으나, 주 하나님이 빛이신 곳이다.(계 22:5)

땅에 세계에서 불행한 모든 요소가 없으며, 행복한 모든 요소사 구비된 곳이며, 유한 시간 개념이 없으며, 천사가 성도들을 주인으로 섬기는 곳이다.

4) 하나님이 통치하시는 나라

하나님의 나라 백성인 성도가 인도될 하늘나라는 영이신 하나님이 통치하시는 나라요(요 4:24), 또한 피조물이 존재 기원이 자기 밖에 있으나, 오직 존재 기원이 자신 안에 계신 지존하신 하나님의 나라(출 3:13), 인간은 유한하지만 영원하신 하나님의 나라며(창 21:33, 시 9:2, 102:27, 사 57:15, 딤전 6:16), 인간이나 피조물은 시간과 공간에 제한되지만, 편재하신 하나님이 통치하시는 나라(시 139:7~12, 렘 23:23~24), 인간의 지혜가 유한데 전지하신 하나님이 지배하시는 나라 (잠 15:3, 시 139:1~10, 47:5, 사 46:10), 인간은 무능하고 유한 능력이지만, 전능하신 하나님이 다스리시는 나라(창 17:1, 렘 32:17, 마 19:26, 계 19:6), 사람의 마음은 변하지만 불변하신 하나님이 치리 하시는 나라 (약 1:17, 말 3:6, 시 33:11, 102:26, 27, 창 18:25, 사 28:17), 윤리적으로 인간은 추하고, 더러운 존재이나, 거룩하신 하나님이 다스리시는 나라(렘 11:44, 45, 시 22:3, 사 40:23, 합 1:12), 인간은 불의하고 약하나, 의로우시고 공의로우신 하나님이 다스리시는 나라(시 89:14, 사 45:21, 단 9:14, 요 17:25, 계 16:5), 인간은 약한데 반하여, 선하신 하나님이 통치하시는 나라(막 10:18), 사람은 거짓으로 위장된 것이나, 진실하신 하나님이 진실하게 다스리시는 나라(요 18:38, 요일 5:20, 렘 10:10, 요 3:33), 인간은 무정하나, 사랑이신 하나님이 다스리시는 나라(요일 4:7~8), 더욱이 우주를 아름답게 창조하시고, 인간을 하나님의 형상대로 창조하신 창조주께서 자신이 만드시는 피조물을 다스리시는 나라(창 1:1~2, 26~27, 2:7), 그리고 사망에서 생명으로 구원하신 하나님의 주권이 완전히 지배되는 나라(요 1:16), 육에 속한 인간을 성화시키시는 하나님이 도우시는 나라(롬 6:19, 22, 고전 1:30, 살전 4:13, 벧전 1:2), 죄인들이 기도하여도 응답하시는 하나님을 대면하여 대화하시는 나라(요 14:13, 14), 인류를 멸망에서 구원하시려고 십자가에 생명을 희생하신 주님이 지배하시는 나라이다.

① 시 106:1 할렐루야 여호와께 감사하라 그는 선하시며 그 인자하심이 영원함이로다

② 시 149:1 할렐루야 새 노래로 여호와께 노래하며 성도의 회중에서 찬양할지어다

③ 계 19:6 ...할렐루야 주 우리 하나님 곧 전능하신 이가 통치하시도다.

우리를 구속하신 주님을 찬양, 할렐루야! 할렐루야! 할렐루야!

22장 천국의 위대한 광경과 어린양의 보좌와 결론

1-5절   천국의 위대한 광경과 어린양의 보좌.

6-11절   천사의 권면.

12-16절   예수님의 말씀.

17절   성령과 신부의 말씀.

18-19절   요한의 경고.

① 계 22:18 내가 이 책의 예언의 말씀을 듣는 각인에게 증거하노니
만일 누구든지 이것들 외에 더하면 하나님이 이 책에기록
된 재앙들을 그에게 더하실 터이요

② 계 22:19 만일 누구든지 이 책의 예언의 말씀에서 제하여 버리면
하나님이 이 책에 기록된 생명나무와 및 거룩한 성에 참예함을 제하
여 버리시리라

20-21절   마지막 축복.

Ⅲ. 결   론

요한계시록의 흐름을 파악하는 바르게 읽기 사경회 요약교재를 인도하여 주신 삼위일체 하나님께 감사와 영광을 돌리면서, 독자에게 권면을 드린다.

첫째, 사도들과 다니엘, 사도 요한과 선지자의 터 위에서 요한계시록을 바르게 읽고, 전하고, 가르치기 위해서는 바른 기준이 필요하다. 바른 해석의 표준은 오직 성경이며, 한 시대 성경 기록에 쓰임을 받은 기록과 충돌하지 않고 일치하는 해석이여야 한다.

둘째, 성경을 해석할 때에는 문자적인 의미에 우선 기초하여 그 다음에 영해나 상징이나 적용을 해야 한다. 특히 품사나 동사 시상에 유의하고 문맥의 의미에 유의해야 한다. 중요한 것은 성경의 일관성에 모순이 되지 않아야 한다.

셋째, 말세 계시록 관련 다니엘, 사도들에게 주셨고 계시록과 스가랴서 등에 기록이 되었으니, 이를 읽고 배워서 말세에 처한 징조를 깨달아서 예비하는 순결한 신부가 되어야 한다.

넷째, 성경 요한계시록 해석에 있어서 사도들만큼 알려고 노력하자. 악령의 시험에 들어 더 나은 것을 꺼내려고 자기 속에서 나온 사람의 생각으로 신학적인 기교, 문학적인 기교를 부리지 않도록 진리 앞에서 절제하는 마음이 참 종들에게는 필요하다. 자기 속에서 나온 사람의 뜻을 하나님의 뜻에 맞추고, 성경 귀 절을 끌어다가 합리화하지 말아야

한다. 이것이 이단과 사이비들의 수법이기 때문이다

　다섯, 사도들도 말세와 주님의 재림 시기에 관심이 많았었다. 시기에 대한 주님의 대답은 '너희의 알 바 아니요' 라고 분명히 말씀하셨으니, 몇 년, 월, 일, 계절 등에 관하여 요란하게 계산하여 말하지 말아야 한다. 그것은 성경이 금하기 때문이다. 알아야 할 성경도 알지 못하면서 비밀로 제한시킨 것을 알려고 하겠는가? 이것이 불순종 거역이라는 (전 3:11, 계 22:18, 19, 잠 30:6)사실을 알아야 하겠다.

　여섯, 성경 요한계시록 6장~20장의 전 계시는 순서적임을 시인해야 한다. 자기 견해를 중심으로 짜 맞추는 식의 연구 태도는 성경 말씀이 지지하지 않는다는 사실을 기억해야 한다. 그러면 말세를 만난 사명자와 성도들이 받을 교훈은 무엇인가?

　① 눅 21:36 이러므로 너희는 장차 올 이 모든 일을 능히 피하고 인자 앞에 서도록 항상 기도하며 깨어 있으라 하시니라
　② 요삼 1:4 내가 내 자녀들이 진리 안에서 행한다 함을 듣는 것보다 더 즐거움이 없도다.
　③ 마 24:4 예수께서 대답하여 가라사대 너희가 사람의 미혹을 받지 않도록 주의하라
　④ 마 24:35 천지는 없어지겠으나 내 말은 없어지지 아니하리라
　⑤ 엡 4:13 우리가 다 하나님의 아들을 믿는 것과 아는 일에 하나가 되어 온전한 사람을 이루어 그리스도의 장성한 분량이 충만한 데까지 이르리니
　⑥ 엡 4:15 오직 사랑 안에서 참된 것을 하여 범사에 그에게까지 자랄지라 그는 머리니 곧 그리스도라
　⑦ 빌 4:8~9 종말로 형제들아 무엇에든지 참되며 무엇에든지 경

건하며 무엇에든지 옳으며 무엇에든지 정결하며 무엇에든지 사랑할만하며 무엇에든지 칭찬할만하며 무슨 덕이 있든지 무슨 기림이 있든지 이것들을 생각하라
너희는 내게 배우고 받고 듣고 본 바를 행하라 그리하면 평강의 하나님이 너희와 함께 계시리라

이 시대의 긴요한 메시지

요한계시록 흐름 이해

발행일 _ 2012년 2월 11일 4판1쇄

지은이 _ 우 석 철

발행인 _ 유 성 헌

편집인 _ 전 민 주

교 정 _ 박 재 영

발행처 _ 하야Book

출판등록 _ 제 2011- 000065호(2011년 10월 27일)

주 소 _ 서울 양천구 신월7동 995 -7번지 동산빌딩 302호

문 의 _ 대표전화 070-8748-4435, 010-2811-4435

저자연락처 _ 070-7945-5522. 02) 3286-2480

저자 홈페이지 _ www.joychurch.pe.kr

저자 이메일 _ wsch77@paran.com

ISBN 978-89-968031-2-6 (03230)

※ 잘못된 책은 구입하신 곳에서 교환하여 드립니다.
※ 책 가격은 표지 뒷면에 있습니다.

하야Book은 문서사역을 통해 하나님의 나라를 확장하고 복음전파를 통해 하나님 말씀으로 사람을 살리는 일을 하고자 설립된 출판사입니다.
하야(Chayah)의 뜻은 히브리어로 '살다, 회복시키다, 구원하다, 소생하다, 부흥하다'의 의미가 있습니다.

가격 15,000 원